X

24126

DICTÉES

DE

DE L'HOTEL-DE-VILLE.

PARIS. — IMPRIMERIE DE Mᵐᵉ Vᵉ DONDEY-DUPRÉ,
rue Saint-Louis, 46, au Marais.

DICTÉES

DU PREMIER EXAMEN

DE

L'HOTEL-DE-VILLE,

RECUEILLIES ET MISES EN ORDRE

par Mme C. B., institutrice.

DEUXIÈME ANNÉE.

TROISIÈME ÉDITION.

PARIS.
LIBRAIRIE CLASSIQUE DE Mme Ve MAIRE-NYON,
QUAI CONTI, 13.

—

1853

DICTÉES
DES
Examens de l'Hôtel-de-Ville.

1ʳᵉ Dictée.

Quelle que soit notre indulgence, nous ne saurions adopter les principes de *quelques* publicistes sur les moyens de transmettre son nom à la postérité. Combien n'a-t-on pas *vu* de gens qui s'étaient *proposé* de ne suivre que des *voies* directes, s'égarer en marchant sur des errements aventureux, et perdre, *en définitive*, les titres réels qu'ils avaient *mérités* à une gloire qu'ils ont *laissée* s'évanouir, pour avoir *accueilli* avec une faveur indiscrète les adulations de quelques sycophantes insidieux !

Un des plus fameux conquérants qui aient *figuré* dans l'histoire, se persuada qu'il pourrait renier son père, et se dire fils d'un dieu. La tourbe enthousiaste des compagnons de ses exploits guerriers applaudit à cette nature *censée* divine, à cette apothéose *anticipée*; mais la divinité postiche devint en *butte* aux sarcasmes des gens sensés; les sages appréciateurs du mérite refusèrent leur assentiment; et, s'ils ne burent pas la *ciguë* comme Socrate, ils ne payèrent pas moins de leurs têtes la franchise de leurs remontrances.

Leur mort a *laissé* une empreinte sanglante sur l'éclat d'une des plus étonnantes existences qu'ait *consacrées* la mémoire des hommes.

2ᵉ Dictée.

T'es-tu jamais *trouvée*, ma chère amie, dans un hôtel garni de province; et si tu n'en as pas *vu*, t'en es-tu *fait* rendre compte? Ces maisons, *mi*-auberges, *mi*-hôtels parisiens, logent le marchand forain tout aussi bien que les nobles citadins qui se sont *décidés* à quitter, soit leurs terres, soit leur maison de ville, pour visiter les lieux qu'une bataille, un palais ou un beau site a *rendus* célèbres.

Les observateurs des us et coutumes dînent à table d'hôte, pour observer par eux-*mêmes* les mœurs bourgeoises dont ils ont *entendu* parler, mais qu'ils ont peu *remarquées* jusqu'alors. Les aristocrates dédaigneux, craignant de se mésallier en *partageant* le fricandeau à l'oseille et les côtelettes *panées* des commis-voyageurs, ont *donné* ordre qu'on les *servît* dans leur chambre, et qu'on leur *apprêtât* des mets plus délicats que ceux qu'ils se seraient *vus obligés* de goûter dans la salle à manger commune; ils se font donc apporter des *hors-d'œuvre* de *toute* espèce, *quel* qu'en soit le prix. Il est vrai qu'on ne fait guère ces voyages-là qu'en compagnie, en partie carrée ou autre; alors ces dîners se font en *pique-nique*, les dépenses, *tout* exorbitantes qu'elles paraissent en masse, se *comptent* par quarts et par cinquièmes, à tant par tête, et quelque chère qu'ait *paru* la partie, on en est quitte pour une centaine de francs.

3ᵉ DICTÉE.

De toutes les forêts de la France, pas une

ne peut être *comparée* pour le pittoresque à celle de Fontainebleau. Qui n'a pas *vu* ses chênes gigantesques, ses hêtres *s'élevant* droits et superbes, ses bouleaux et ses trembles, ne peut se faire une idée de la majesté que le temps a *imprimée* au règne végétal; je ne me le serais jamais *imaginé* moi-même. Les arbres que vous avez *vus* croître dans les bois *avoisinant* Paris, *quelque* beaux qu'ils soient, n'en donnent qu'une faible idée, et quand on n'admirerait pas ces rois de la végétation, on devrait encore visiter Fontainebleau, ne *fût-ce* que pour ses rochers *jetés* çà et là, *menaçants*, noirâtres, aux angles aigus, aux crêtes *moussues;* ils sont tous en grès primitifs que n'ont jamais *altérés* les eaux du déluge; quelques fossiles qu'on y a *remarqués* s'y sont *introduits* par les pores de la pierre; quelques-uns nous ont *offert* des cristallisations qui nous ont *paru* fort belles, *tout habituées* que nous sommes, ma sœur et moi, à admirer les beautés naturelles. Ces rochers sont, les uns sur des monticules *élevés*, les autres sur une surface plane, recouverte d'une terre sablonneuse et calcaire, ou d'un terreau très-propre à la croissance des arbres qui donnent ces essences résineuses, que la pharmacie et la chimie ont toujours *recherchées*.

Outre les belles futaies, les massifs, les broussailles, les quartz et les calcaires que vous m'avez *entendue* vanter, nous parlerons encore de *mille* autres choses, *quels* que soient votre indifférence et même votre éloignement pour des objets qui ne se sont jamais *offerts* à vous qu'en peinture, et que vous vous êtes *plu* à négliger afin que l'envie ne vous *prît* pas de voir des sites qui vous sont *interdits*, au moins pour quelque temps.

4ᵉ Dictée.

Nous avons *éprouvé* dans nos excursions un de ces orages, comme peuvent seuls s'en faire une idée ceux qui ont *habité* les pays méridionaux. Le ciel n'était qu'une nappe de flammes, et des torrents d'eau s'échappaient de ce volcan *renversé*. Quelquefois un sillon de feu se détachant de ce cratère immense, s'enroulait comme un serpent, à la cime de quelque vieux chêne qu'il embrasait ; puis, ce phare gigantesque, illuminant un instant la terre sur laquelle il avait *passé*, s'éloignait en laissant le cercle qu'il avait *éclairé* dans une obscurité *rendue* plus profonde par l'absence de la lumière accidentelle qui l'avait un instant *tiré* de la nuit. *Quel* que *fût* notre courage, *tout habituées* que nous étions à ces bouleversements de la nature, nous ne nous en étions pas encore *convaincues* par nous-*mêmes*, c'est-à-dire que nous ne les avions jamais *vus poussés* à cette violence extrême. La peur nous prit, non que le danger nous *semblât imminent*, mais parce qu'il était au moins *éminent*, et que ces convulsions de la nature sont toujours effrayantes pour ceux qui les contemplent. Nous étions dans une de ces jolies malles-postes qui parcourent les grandes routes. *Quoique* le courrier *refusât* d'arrêter complétement, il avait *ralenti* ses chevaux, qui trottaient tout doucement, et de la sorte ne pensaient pas à prendre le *mors* aux dents.

5ᵉ Dictée.

Les épreuves judiciaires qu'a tant *aimées* le moyen âge, et qu'il a *crues* un si bon moyen pour connaître la vérité, ces épreuves, dis-je, se rendaient avec une solennité telle que nous ne pourrions nous en faire une idée, quelque imposante que soit cependant la distribution de la justice moderne.

Pour un combat en champ clos, les accusateurs, *vêtus* de leur cotte de mailles, montant un destrier que les combats avaient *accoutumé* au bruit des armes, entraient dans l'arène où les attendait celui qui soutenait l'innocence. Près de la porte de la *lice*, le bourreau, jambes et bras *nus*, attendait l'issue du combat, tenant une torche *allumée* ; près de lui brûlait un réchaud, et se dressait un échafaud. Non loin de là, se voyaient un livre d'évangiles, un cercueil et un crucifix. Le bourreau devait exécuter le vaincu ; le crucifix et le livre de la foi recevaient le serment des combattants qu'ils ne s'étaient point *écartés* de la vérité en soutenant ou niant l'accusation, *quelle* qu'elle *fût; quelques* raisons qu'on *eût* pour l'imaginer fausse, le doigt de Dieu devait juger sans qu'on *appelât* de ce jugement. Alors on entendait le bruit des fanfares, les chevaliers attachaient leur casque à l'arçon de la selle, tiraient l'épée, en brandissaient la lame, et commençaient un combat à outrance. Les cris divers qu'on avait *entendu* pousser, les bruits tumultueux qui s'étaient *fait* entendre cessaient dès que la lutte commençait, et tous attendaient avec terreur que l'épreuve *fût terminée*.

Que d'innocents ont *péri* parce que leurs champions n'étaient pas les plus adroits! que d'audacieux coupables se sont *vu* acquitter parce qu'ils avaient de bonnes épées, ou la chance des combats!

6ᵉ Dictée.

SORBONNE. COURS SUPÉRIEUR.

LE DÉLUGE.

Alors tous les plans de la nature furent *renversés*, des îles *tout* entières de glaces flottantes qu'on avait *vues* arriver *chargées* d'ours blancs, vinrent échouer parmi les palmiers de la zone torride, et les éléphants de l'Afrique, qui s'étaient sans doute *réfugiés* sur les montagnes quand ils s'étaient *vus* surpris par les grandes eaux, furent *roulés* jusque parmi les pins et les mélèzes de la Sibérie, où se *voient* encore leurs énormes ossements.

Les vastes plaines de la terre, *inondées*, n'offrirent plus de carrière aux agiles coursiers, et celles de la mer cessèrent d'être navigables aux vaisseaux.

Quelle que *fût* l'adresse de l'homme, *quelque* agilité qu'il *eût*, il ne put échapper au naufrage général. *Mille* torrents s'écoulaient des flancs des montagnes, et mêlaient le bruit de leurs eaux aux gémissements des vents et aux roulements du tonnerre. De blafards éclairs sillonnaient les eaux; des nuages, que l'on avait *vus* s'amonceler, s'avançaient rapides, jusqu'au zénith; et là, noirs et condensés, s'épanchaient en torrents de pluie, tandis qu'au milieu de ce bouleversement du monde,

1.

restait seule, comme gage de l'avenir, et flottait *éclairée*, l'arche où s'étaient *réfugiés* Noé et ses fils qu'avait *désignés* le Seigneur pour échapper à la catastrophe universelle.

7ᵉ Dictée.

Si l'on examine avec attention la plupart des hommes qui réussissent à se créer un rang honorable dans la société, on s'aperçoit aisément qu'ils appartiennent en général aux classes les moins *favorisées* de la fortune. Serait-ce que la nature, pour compenser les avantages que le hasard a *distribués* en ce monde, se serait *proposé* de rétablir l'équilibre en donnant aux âmes de ceux qui naissent dans le besoin une trempe plus vigoureuse, et à leur esprit plus de ressort qu'à ceux que leur naissance a déjà *destinés* par *privilége* à un succès presque assuré? Cette explication répugne à la raison.

A quoi serviraient donc une éducation brillante, et tous les soins dont l'aisance des parents permet d'entourer les enfants, si l'intelligence ne devait recueillir de cette culture, d'autres fruits que des chances moins heureuses pour leur avenir?

Non sans doute, cette hypothèse n'est pas admissible; mais Dieu a *voulu* que les hommes portassent en eux-*mêmes*, avec le sentiment des nécessités de position qu'ils subissent, une énergie *proportionnée* aux obstacles qu'ils auront *eu* (1) à vaincre; il a *voulu* que, *quelle* que *fût* leur origine, *quelques* nombreuses entraves qu'ils trouvassent dès leur berceau, ils pussent, comme Hercule enfant dans la Fable, étouffer les serpents qui les enlaçaient, et grandir par la lutte même.

Loi sage et providentielle qui fait ainsi passer de main en main, par le travail, l'héritage des biens auxquels nous pouvons tous être *appelés* à prendre part.

8ᵉ DICTÉE.

SORBONNE.

Ne vous ont-elles pas *inspiré* quelques inquiétudes, ces épreuves que votre imagination s'était *créées* comme à dessein si re-

---

(1) Grammaire des Grammaires.

doutables? Vous vous étiez *laissées* aller bien mal à propos à une crainte que n'ont pas *justifiée* les réponses que vous avez *préparées* pour vos examinateurs.

Les difficultés qu'ils ont *cru* devoir vous soumettre dans les *sessions* où vous avez *échoué*, et que nous vous avons *vues* résoudre si aisément, ne vous ont-elles pas *prouvé* combien vous *travailliez* peu autrefois, et combien vous *travaillez* sérieusement aujourd'hui? *Quelles* que soient vos bonnes résolutions, redoublez de courage, car je me *rappelle* encore le jour où vous avez *manqué* de présence d'esprit. Le peu d'attention que certaines personnes ont *apporté* à l'examen de leur travail n'y a-t-il pas *laissé* subsister bien des taches? Nous sommes *obligés* de reconnaître qu'il s'était *glissé* beaucoup de fautes dans les dernières dictées; quels avantages ne serait-il pas *résulté* pour vous d'une contention d'esprit plus *soutenue!* Nous devons croire que les fautes qui se sont *glissées* à votre insu dans la copie de l'année dernière, vous auront *servi* cette fois à les éviter.

Il serait bien désirable qu'une jeune personne *fît* de sérieuses études avant de se présenter devant la commission, et *préférât* subir plus tard un examen qui offrirait toutes les chances favorables, *plutôt* que de répondre sans préparation à des questions qui lui seront *adressées* sur le système métrique, le dessin linéaire, la géographie, l'histoire, sur les dynasties qui se sont *succédé* en France, etc.

Quant à vous, mesdames, je fais des vœux pour que vous receviez le *plus tôt* possible la récompense des peines que vous vous êtes *données*, afin d'obtenir le droit honorable d'instruire et d'élever les jeunes filles qui, bientôt, vous seront *confiées*.

9ᵉ Dictée.

Une des plus utiles institutions qui aient été *créées*, la plus noble qui ait *existé*, c'est sans contredit celle des sœurs de la Charité, dont l'ordre date de *mil* six *cent* trente-quatre. C'est à saint Vincent de Paul, ce modèle de la charité chrétienne, que nous devons cette touchante institution. Que d'abnégation ces pieuses filles ne montrent-elles pas, et n'ont-elles pas *montrée* dans toutes les épidémies qui ont *désolé* la France! Nous les avons même *vues* se dévouer lorsque la fièvre jaune s'est *déclarée* de la manière la plus intense dans une contrée voisine de nos provinces méridionales, et y décimait la population de Barcelone; que dis-je, décimait? ce sont les trois quarts des habitants de cette malheureuse ville qui ont *péri!* Ce *n'étaient* pourtant pas leurs compatriotes qui les appelaient, ces nobles femmes, mais leurs frères en Jésus-Christ!

Plus tard, quand le choléra, avec son hideux *cortége*, vint porter l'épouvante et l'effroi dans tous les rangs de la société, leur sollicitude, *quelle* qu'elle *fût* déjà, ne connut plus de bornes; *tout* effrayants qu'étaient les *symptômes* de cette peste, *quelles* qu'en fussent les suites, elles ne se sont point *laissé* ébranler.

Le soulagement qu'elles apportent aux douleurs morales et physiques, est la plus douce récompense qu'elles attendent de leur abnégation complète, et de leur désistement des choses d'ici-bas.

10ᵉ Dictée.

Ma sœur, à peine rentrée chez elle, s'est *sentie* saisie d'une fièvre tierce, accompagnée des *symptômes* les plus graves : des *syncopes* fréquentes, des attaques de nerfs, des crispations convulsives se sont *succédé* de la manière la plus alarmante. *Quelle* que soit l'excellence de sa constitution, une attaque aussi violente l'*eût* bientôt *enlevée* à sa famille éplorée, si l'atonie qu'avaient *produite* des douleurs *aiguës* ne l'*eût jetée* dans un assoupissement léthargique. Nous attendons son réveil dans une affreuse anxiété. S'il fallait qu'elle nous *fût ravie*, si le savoir-faire des hommes de l'art et notre *dévouement* devaient être impuissants, si nous ne devions plus revoir la douce *gaieté*, le gracieux sourire de cette jeune fille, c'en serait fait des joies de notre famille qui lui a *dû* le peu d'heureux moments qu'elle a *goûtés* au milieu des vicissitudes et des tribulations dont elle s'est *vue* accablée.

11ᵉ Dictée.

Les fils qu'avait *eus* Philippe le Bel s'étaient *vus* mourir à la fleur de l'âge sans laisser d'héritiers directs, car eux-*mêmes* avaient *déclaré* que la loi salique excluait et exclurait toujours les filles du trône.

Lors de la mort de Charles le Bel, en *mil* trois *cent vingt*-huit, trois siècles et *demi* s'étaient *écoulés* depuis le jour où les grands feudataires avaient *couronné* roi un des douze pairs du royaume; ils ne s'étaient guère *imaginé* alors que la monarchie nationale qu'ils avaient *créée*, anéantirait un jour leurs *priviléges. Quoi* qu'il en soit, la féodalité reçut la première atteinte à l'établissement des communes, lequel donna l'éveil au peuple. Les croisades apprirent ce que valait un homme, *quel* qu'il *fût*, *serf* ou chevalier; l'égalité territoriale entre les grands vassaux et le suzerain, cessa sous Philippe-Auguste; et quand Philippe le Bel déclara que le tiers-état s'assiérait dorénavant au foyer de la grande famille, c'en fut fait de la féodalité que nous avons *vue* décroître jusqu'à Richelieu, qui l'a *écrasée* à tout jamais.

12ᵉ Dictée.

Que de changements n'a pas *subis* la langue française depuis son origine jusqu'à nos jours! que d'améliorations n'avons-nous pas *vues* se succéder! *Tout* puissants qu'étaient les vainqueurs des Gaules, ils ne parvinrent pas à faire accepter leur idiome aux peuples qu'ils avaient *vaincus*. Le latin se parla en France tant que dura la première dynastie; mais quand arriva Charlemagne, la langue romane, que vous avez sans doute *entendu* nommer, fut *introduite*, et tous se virent *forcés* de l'adopter. Cette langue ne fut pendant de longs siècles qu'une sorte de patois; mais, quelque lent que *semblât* le progrès, il existait; et lors de la renaissance, la langue française s'est *montrée* avec ses grâces naïves, ses tours piquants; elle a été au temps de

Louis XII ampoulée, boursouflée (1); elle a *pris* sous la plume des *Fénélon*, des *Racine*, etc., des perfections qu'elle a *gardées*. Depuis, *quels* qu'aient été les efforts de certains novateurs pour s'écarter de nos modèles, ils n'ont pas *réussi*.

13ᵉ Dictée.

Quoique saint Louis se *ressouvînt* fort bien de la triste issue qu'avaient *eue* ses premières croisades, depuis son retour de la Palestine, il avait *nourri* le projet de revoir les lieux saints. « Eh ! pouvait-il en être autrement ? s'écrie un historien moderne ; pouvait-on croire que ce fils du moyen âge, ce pieux chrétien, *reniât* ses ancêtres, ces héros des croisades ? qu'il *laissât* au vent les os des *martyrs* sans entreprendre de les inhumer ?

Quelque insouciante que se *montrât* la noblesse française quand Louis la manda pour l'accompagner, *tout* désespérés que furent les bourgeois quand ils apprirent

(1) Académie.

les desseins du monarque, il n'en persista pas moins dans ses projets. Il se rendit *nu-*pieds à Saint-Denis pour y prendre l'oriflamme, cette bannière aux fleurs de lis qui, tant de fois déjà, s'était *montrée* aux Sarrasins et les avait *mis* en fuite. L'abbé lui donna les insignes du pèlerin, la panetière et le bourdon qu'avait déjà *portés* le saint roi. Mais, dit le sire de Joinville, *quelles* que fussent les invitations, les supplications *adressées* par Louis à toute l'Europe, la croisade fut de petit exploit; les preux s'étaient *faits* vieux, et, au récit de leurs infortunes, leurs fils s'étaient *juré* de ne plus s'expatrier.

14ᵉ Dictée.

Pékin, une des plus anciennes villes qu'aient *bâties* les Chinois, et celle qu'ils ont le plus *embellie*, se compose de deux villes dont la plus septentrionale forme un carré parfait; l'autre, qu'ils ont *appelée* ville extérieure, ou faubourg, est un rectangle allongé de l'est à l'ouest; on évalue à six lieues et *demie* la circonférence de Pékin. *Vue* des hauteurs qui l'environnent, cette ville semble être au milieu d'une forêt, à cause des bouquets de bois *attenant* aux cimetières qui l'entourent.

Quelque habitués que soient les voyageurs aux choses singulières, *quelles* que fussent les lectures qu'ils eussent *faites* sur Pékin, ils se sont *émerveillés* à l'aspect bizarre et gigantesque que présentent ses murailles flanquées de pavillons et de tours; mais on les a promptement *vus* revenir de leur admiration quand ils ont *eu pénétré* dans l'intérieur. Qu'y ont-ils *trouvé?* des maisons délabrées que n'avait jamais *réparées* le propriétaire, des rues inégales, *gênées* par des ponts, par des amas d'immondices, et de nombreux égouts d'où s'exhale une odeur insupportable.

15ᵉ Dictée.

Les preux du temps de saint Louis étaient, il y a *quelque* six *cents* ans, de redoutables chasseurs; *montés* sur de puissants destriers, la tête *couverte* d'un heaume et *ceints* de leur épée, ils se sont *plu* souvent à poursuivre les bêtes farouches *à travers* les fourrés et les taillis les plus épais. A ces hommes intrépides, *tout* bardés de fer, rien ne semblait impossible; le sanglier et la laie, sa compagne, *quelque* redoutables qu'ils fussent, le buffle et l'élan qui ont *disparu* de nos forêts, le daim, *quelle* que *fût* sa vitesse, ne pouvaient échapper à leurs coups. On peut juger de leur adresse par le peu de bêtes qu'ils ont *laissées* dans nos bois. Aujourd'hui, c'est à peine si l'on voit *courre* le cerf dans les premiers jours de septembre; on ne chasse plus guère que des lapereaux, des perdrix, des *bec-figues*; *quant* à ces derniers, je les ai *vus* tomber en foule sous le plomb des chasseurs, et ces habiles tireurs ont bien *voulu* m'envoyer les pièces que j'avais *paru* désirer.

16ᵉ Dictée.

Les suffrages d'un peuple aussi éclairé, aussi délicat que les Grecs, ont *suffi* pour fixer notre opinion sur Pindare ; il ne nous est *connu* que par quelques fragments que le temps a *épargnés.* Quelle haute idée ne nous ont-ils pas *laissée* de son génie ! On sait combien ils ont *révéré* sa mémoire ; on sait aussi que la vengeance d'Alexandre, qui avait *enveloppé* toute une ville dans la même proscription, s'est *arrêtée* devant cette inscription : « Ne brûlez pas la maison de Pindare. » Déjà les Lacédémoniens, lorsqu'ils s'étaient *emparés* de Thèbes à l'époque de leur puissance, avaient *montré* le même respect.

La plupart des odes de Pindare furent des panégyriques *composés* en l'honneur de ceux qui avaient *triomphé* dans les jeux publics ; les vainqueurs se seraient *imaginé* qu'il manquait quelque chose à leur gloire, si leur poëte (1) chéri ne l'avait *chantée.* Chez nous, il s'en faut de beaucoup que les odes soient un aussi grand moyen de succès ; on en a tant *composé* que la nation française s'en est *lassée,* et, autant les auteurs qu'on a *vus* se livrer à ce genre de poésie ont

(1) Académie.

d'abord été *accueillis* avec empressement, autant, maintenant, ils sont peu *recherchés*.

17ᵉ Dictée.

Vous vous êtes peut-être quelquefois *demandé*, mesdames, ce que signifient ces travestissements grotesques, ces saturnales licencieuses *appelées* Carnaval, qui scandalisent Paris à certains jours *nommés* ? Eh bien, sachez que ces fêtes turbulentes ne sont que des imitations de celles que célébraient nos bons aïeux, avec des excès tels qu'on n'en voit plus de semblables que parmi la vile populace : c'était la fête des ânes, où se mêlaient clercs et laïques, tant étaient grandes l'ignorance et la superstition ; *c'étaient* encore les cérémonies de la mère folle, dans lesquelles ont *figuré* des princes du sang, *quelque* absurdes que fussent ces fêtes.

Le bœuf gras et sa suite se sont de tous temps *promenés* dans Paris, et les étudiants qui l'accompagnaient se sont *montrés* plus avides que les autres des *pour-boire* que la bourgeoisie se voyait *forcée* de donner, *quel* que *fût* son mécontentement ; mais les mauvais-garçons, ainsi les nommait-on, n'auraient pas *rougi* de piller d'honnêtes marchands.

Quels que soient nos vices actuels, je crois que nous nous sommes *améliorés*, ne *fût-ce* que sous le rapport des procédés.

18ᵉ Dictée.

Jusqu'à présent les personnes *atteintes* de cécité, c'est-à-dire d'aveuglement, se sont *désespérées*, regardant comme le plus grand malheur d'être *privées* de la clarté du ciel. Voici venir un oculiste allemand dont parlent tous les journaux, et qui, non-seulement guérit les *ophthalmies* invétérées, mais encore se vante de rendre la vue aux *aveugles-nés*. Les myopes, qui se sont *vus* forcés pour travailler, de mettre le nez sur leur ouvrage, distingueront les objets, *tout éloignés* qu'ils seront ; et cette cure miraculeuse sera *due* à un onguent dont ils se seront à peine *servis* deux ou trois jours. *Quant* aux presbytes dont les années ont *affaibli* la vue, ils verront *clair* dorénavant, sans qu'ils aient besoin de se servir de verres grossissants. N'est-ce pas un homme merveilleux que notre Allemand ? *Puissent* tous les prodiges qu'il annonce se réaliser ! ce serait un cadeau que les pays étrangers auraient *fait* à la France ; mais je crois que peu de personnes se sont *laissé* séduire par ses étonnantes promesses.

19ᵉ Dictée.

La cérémonie des Cendres que vous avez *vu* accomplir ce matin, est une suite de la discipline de l'Église primitive qui soumettait à la pénitence publique les pécheurs *quels* qu'ils fussent, *quelques* crimes qu'ils eussent *commis*, et *quelque* minimes que fussent leurs fautes. Or, quelques prières *récitées* en commun, quelques jeûnes *commandés* sont peu de chose, *comparés* aux pénitences que devait accomplir celui qui s'était *soumis* aux canons de l'Église ; les empereurs, les puissants, comme les pauvres, ont *courbé* la tête devant ces lois sévères ; on les a *entendus* demander avec instance qu'on les *admît* à expier ainsi leurs fautes ; ils ont *paru* en public, *revêtus* d'un cilice, *rasés*, portant des habits *déchirés*; et, à *genoux* hors de l'église, ils se seraient *crus* heureux si on les avait *laissés* entrevoir de loin l'autel du Seigneur, la *chaire* de la vérité. Ceux qu'une vie pure *dégageait* de ces terribles macérations, se sont longtemps *imposé* des pénitences volontaires : quand arrivait le Carême, beaucoup restaient deux ou trois jours sans prendre de nourriture.

20ᵉ Dictée.

Tout affreuses que sont les calamités dont les départements du Midi viennent d'être la proie, *quelque* effrayantes qu'aient été les crues d'eau *envahissantes* qui ont *dévasté* ces belles contrées, c'est une triste et douloureuse consolation de voir l'empressement de la France entière à secourir ces populations *consternées*. De toutes parts les souscriptions ont *afflué*, et pour y concourir, chacun, *à l'envi*, s'est *imposé* des privations; ce n'est pas seulement le superflu de l'opulence, c'est aussi la réserve du pauvre qui a *grossi* les listes; car le denier du pauvre et l'offrande de l'orphelin ont été *reçus* avec une égale reconnaissance; bientôt les autorités se sont *vues* à même de porter les premiers secours à des familles *ruinées* par le fléau de l'inondation. Quelles angoisses n'ont-elles pas *dû* d'abord éprouver, quelles actions de grâces n'ont-elles pas *rendues* à leurs consolateurs, de quelle reconnaissance ne se sont-elles pas *senties pénétrées*, quand elles ont *vu* que leurs compatriotes ne les avaient pas *oubliées* dans leur détresse !

21e Dictée.

L'intelligence que les Hollandais portent dans la construction de leurs digues, les a *rendus* dignes de l'admiration des autres peuples. Que de soins ne leur a-t-il pas *fallu* pour vaincre les difficultés que présentaient un terrain humide, et un sol qui leur refusait les matériaux dont ils avaient besoin ! mais *quelles* que fussent les difficultés, ils les ont *surmontées ;* ils ont *remplacé* la pierre par des fascines de roseaux ou de petites branches de saule, *placées* en couches, l'une parallèle, l'autre perpendiculaire au cours de l'eau ; ils ont *rempli* de sable les intervalles ; puis, comme ils ont *craint* que cet édifice ne *fût* pas assez solide, on les a *vus* aller chercher dans la Norwége le peu de pierres absolument nécessaires pour lutter contre le *poids* immense d'une mer *ouverte*, que n'auraient pas suffisamment *retenue* des fagots et du sable.

22ᵉ Dictée.

A mon avis, l'époque la plus désastreuse qu'aient *signalée* les historiens, c'est le treizième et le quatorzième siècle ; *quelle* que *fût* la bonne volonté des rois qui ont *régné* pendant cette longue suite d'années, il leur était impossible de remédier aux maux qu'avaient *causés* les dissensions et la guerre civile. Deux fléaux ajoutaient encore trop souvent aux malheurs publics : c'était la famine et la peste ; une de ces plus terribles contagions dépeupla le monde sous le règne de Philippe de Valois ; les historiens l'ont *appelée* la peste noire. *Quelques* prompts secours qu'on *apportât*, ils étaient insuffisants, tant ses ravages étaient rapides ; le petit Paris d'alors envoyait chaque jour cinq *cents* morts au cimetière des Innocents ; en vain les Flagellants s'étaient-ils *imaginé* qu'ils apaiseraient la colère divine par des macérations et des pénitences inaccoutumées, et qu'ils s'étaient *imposées* par amour du prochain ; le mal ne s'arrêta que lorsqu'il eut *parcouru* le monde entier.

23ᵉ Dictée.

Écoutez les détails que nous donne un chroniqueur de l'époque sur la dégradation d'un chevalier. Quelle que *fût*, nous dit-il, la valeur que les plus nobles chevaliers eussent *montrée* jusqu'alors, par *quelques* exploits qu'ils se fussent *distingués*, tout était *oublié* dès qu'ils s'étaient *rendus* coupables d'une bassesse, leur écu était *brisé*, leur blason *effacé* et *suspendu* à la queue d'une cavale, monture *regardée* comme *dérogeante* ; un héraut d'armes demandait les noms qu'ils avaient *portés*, et un autre répondait : Nous les avons *oubliés*, nous n'avons devant nous qu'une foi *mentie*. *Tout accablante* qu'était cette cérémonie, d'autres plus terribles encore la suivaient : les malheureux qui s'étaient *laissés* aller à une faute *déshonorante* se voyaient *placés* sur une civière, *revêtus* d'un drap mortuaire, *portés* à l'église, où, après avoir *psalmodié* le chant des morts, les prêtres disaient un De profundis sur le corps de ceux dont on avait si souvent *béni* le nom.

24ᵉ Dictée.

Une jeune femme de mes amies m'a *priée* de l'accompagner pour chercher un appartement. *Quelle* que soit la peine que nous *ayons prise*, *quelques* quartiers que nous *ayons parcourus*, carrefours, impasses, rues et *boulevards* (1), nos démarches ont été infructueuses ; nous ne nous serions jamais *imaginé* qu'on *trouvât* aussi difficilement à se caser, en pensant à la grande quantité de maisons qu'on a *vu* élever depuis *quelque* vingt ans ; nous *croyions* qu'il devait s'en trouver de *toutes* meublées à louer, il n'en a rien été. *Toutes résolues* que nous étions à ne pas rentrer sans avoir *réussi*, nous avons *rencontré* des obstacles sans nombre, et que nous n'avions pas *prévus* ; les salles à manger n'étaient point assez spacieuses pour contenir un poêle, des consoles, un buffet et autres objets que nous étions *forcées* d'y placer ; le salon octogone se refusait à ce qu'on *arrangeât* symétriquement toutes nos jolies bagatelles moyen âge ; *c'étaient* des plafonds trop bas, puis des plafonds trop hauts, des *entre-sol* (2) malsains, des cheminées à angles *saillants*, et n'étant pas en harmonie avec nos étagères et nos *encoignures toutes* dé-

---

(1) Académie.
(2) Grammaire des Grammaires.

coupées, *tout ornées* de ciselures antiques. Enfin l'ennui et l'impatience nous gagnaient, et nous serions *rentrées* sans aucun résultat, si le hasard, ou plutôt le génie des maîtresses de maison, ne nous *eût indiqué* un petit corps de logis *séparé* que n'avaient encore *habité* que deux familles, et qui nous a *offert* toutes les commodités que nous avions vainement *cherchées* ailleurs.

25ᵉ Dictée.

Les sauvages que j'ai *rencontrés* dans cette maison, ont *fait* et *débité mille* extravagances qui nous ont *fait* rire jusqu'aux larmes. *Quelque* sérieuses que soient les dames chez lesquelles se passaient ces scènes bizarres, elles n'ont *pu* s'empêcher de partager l'hilarité générale. Ces hommes vraiment extraordinaires par leurs costumes, leurs mœurs et leurs usages, nous ont *intéressées* et *amusées* tout à la fois; ainsi, par exemple, l'un d'eux est *venu* me souhaiter le bonjour en faisant des génuflexions aussi rapides que *multipliées*, coutume que j'ai *trouvée* assez originale, mais que je n'ai pas été *tentée* d'imiter, vu le peu de souplesse de mes jarrets. Un autre, voulant apparemment me faire encore plus d'honneur, me salua en s'arrachant une petite touffe de cheveux ; il s'attendait sans doute à ce que je lui répondrais par une politesse semblable, car il resta tout stupéfait de ma simple révérence; il commençait même à faire entendre un grognement sourd assez semblable à celui d'un ours, et qui ne nous *présageait* rien de bon : prudemment, j'avais déjà *gagné* le côté de la porte, car j'avais *ouï* dire qu'à toutes leurs qualités, ils joignaient celle d'être très-friands de *chair* humaine, en un mot, qu'ils étaient anthropophages; or, comme ces messieurs ne sont pas difficiles sur l'assaisonnement de leurs mets, et que souvent même ils mangent leur proie à la croque au sel, je craignais de devenir la victime d'une de ces aimables fantaisies ; mais je fus bientôt *rassurée* par la sérénité qui reparut sur le visage de mon farouche ami : une personne de l'assemblée, qui savait quelques mots de sa langue, lui ayant *fait* comprendre que

2.

ses usages et les nôtres étaient bien différents, il se calma et se tint *coi* pendant quelques minutes ; mais cette immobilité étant antipathique à sa nature, il finit par s'endormir et par ronfler d'aussi bon cœur que s'il *eût* été dans sa hutte et au milieu des siens.

26ᵉ Dictée.

Les Grecs ne se sont pas moins *distingués* par leur bon goût en littérature et leur aptitude aux sciences, que par la valeur et le courage qu'ils ont toujours *montrés* dans les guerres qu'ils ont *eu* (1) à soutenir, *quelque* périlleuses qu'elles fussent. Les *poëtes* (2) les plus *distingués*, les sculpteurs les plus habiles ont *pris* naissance en Grèce. *Quelle* que soit votre peu d'habileté dans les beaux-arts, mesdemoiselles, vous vous êtes peut-être quelquefois *occupées* à lire la vie des hommes célèbres, telle que nous l'a *laissée* Plutarque que vous avez *entendu* citer comme un des plus éloquents

(1) Grammaire des Grammaires.
(2) Académie.

écrivains que les anciens aient *possédés*. Je sais que la langue *grecque* vous est *inconnue*, mais plusieurs de mes compatriotes ont *traduit* l'historien grec, l'un, dans l'idiome du moyen âge, les autres, avec l'élégance moderne ; et vous vous êtes peut-être *trouvées* à même d'apprécier la valeur de l'original, *tout* imparfaites que sont ordinairement les traductions.

27ᵉ Dictée.

Quelques lignes sur lesquelles je viens de jeter les yeux m'ont *paru* intéressantes, je vais vous les dicter : Les forêts dont les druides faisaient leurs temples, n'étaient *éclairées* que par des rayons *vacillants* et presque *éteints*, par des reflets aussi pâles que les lueurs d'une lampe sépulcrale. Les chênes, les sapins, les ormes que n'avait jamais *atteints* la cognée, étendaient leurs branches touffues sur le sanctuaire que remplissaient les simulacres des dieux, *représentés* par des pierres brutes et des troncs grossièrement *façonnés*. L'eau du ciel, *filtrée* à travers *cent* étages de rameaux, traçait d'humides couleurs sur ces images livides que la mousse et les lichens *rongeaient* comme une lèpre affreuse. C'était là que les prisonniers qu'on avait *faits* à la guerre, *quels* que fussent leur âge et leur sexe, étaient *sacrifiés*. Les druidesses, dont vous avez sans doute *lu* l'histoire, n'ont jamais *reculé* devant un sacrifice humain, quoiqu'il *dût* sembler cruel à ces jeunes femmes, d'immoler des hommes qui ne s'étaient jamais *rendus* coupables d'aucun crime.

28ᵉ Dictée.

La zone glaciale produit peu d'espèces de végétaux; on y voit en abondance les mousses, les lichens, les plantes rampantes, les arbustes à baies; on y trouve aussi quelques arbres, tels que les bouleaux et les saules, mais ils restent toujours nains. La Laponie seule, dans cette zone, produit du seigle et des légumes, et possède des forêts de sapins; dans la zone *tempérée*, les pins, les sapins, les mélèzes s'étendent jusqu'aux limites de la zone glaciale et les franchissent même en *quelques* lieux. A mesure qu'on avance vers le sud, on trouve le hêtre, le chêne, l'érable, l'orme, le tilleul, le cèdre, le cyprès, le *liége*. Les pommiers commencent à croître à la latitude de soixante degrés; les cerisiers se tiennent encore bien loin du pôle; les poiriers viennent ensuite; et toujours en se rapprochant des tropiques, on trouve successivement les pruniers, les châtaigniers, les noyers, la vigne, le figuier, l'olivier et l'oranger; ce dernier s'étend dans la zone torride, et occupe sur la terre plus d'espace qu'aucun autre arbre fruitier. Les diverses sortes de blés sont *répandues* dans la zone *tempérée*; le riz et le maïs abondent dans le midi. La zone torride voit mûrir les fruits les plus succulents et les aromates les plus *relevés*; toute la végétation y a plus de force et d'éclat; les arbres y sont *revêtus* d'une verdure éternelle, on en voit qui s'élèvent deux fois aussi *haut* que nos chênes et qui se couvrent de fleurs aussi belles que le lis. C'est là que croissent la canne à sucre, le caféier, le palmier, l'arbre à pain, l'immense baobab, le chou palmiste, le cacaoyer, le vanillier, le cannellier, le muscadier, le poivrier, le camphrier, etc.

29ᵉ Dictée.

Une des sciences que doit connaître toute personne se destinant à l'éducation, c'est l'hygiène ; beaucoup d'institutrices, habitant la campagne, se seraient *trouvées* dans une terrible position, si elles avaient *négligé* d'étudier la propriété de *certains* simples. Je ne voudrais pas qu'on *administrât* sans discernement des drogues dangereuses que n'aurait pas *prescrites* un médecin ; mais il est une foule de petites plantes dont il est bon de connaître l'emploi, et le peu de connaissances qu'on aurait *acquises* en ce genre ne seraient jamais *perdues* ; ainsi on serait *sûr* que quelques gouttes de laudanum *employées* en friction apaisent les douleurs *quelles* qu'elles soient ; une enfant qui se serait *plainte* d'un rhume pourrait prendre de la mauve ou de la violette; on donne une infusion de coquelicot pour une toux invétérée; il serait dangereux qu'on *bût* de la camomille ou de la bourrache, quand on a des dispositions à l'inflammation.

Je voulais vous signaler d'autres plantes, mais je m'en suis *abstenue*, parce que l'orthographe de ces mots *techniques* vous aurait peut-être *embarrassées*, mesdemoiselles.

30ᵉ Dictée.

Mille remercîments (1), madame, pour l'affectueuse visite que vous vous êtes *plu* à me faire; je m'en suis *sentie tout* attendrie; l'affection *toute* particulière que vous m'avez *témoignée* ne m'a point *trouvée* ingrate; je me suis *laissée* aller à une douce reconnaissance que n'auraient *pu* m'inspirer l'étiquette et la cérémonie, mais que j'ai *ressentie* dès que j'ai *vu* le tendre intérêt que vous semblez m'accorder. Vous avez *remplacé* près de moi l'amie que j'ai *eu* (2) à

(1) Académie.
(2) Grammaire des Grammaires.

pleurer l'année dernière; et quelle n'était pourtant pas la douleur que m'a *inspirée* sa perte ! Le peu de résignation que j'ai *eu* à cette époque a beaucoup *altéré* ma santé, et je me suis *crue près* de mourir; je ne me suis *senti* rappeler à la vie que par mes enfants que j'ai *vus* pleurer autour de moi, et qui se sont *jetés* à mes pieds pour me supplier de ne pas les abandonner ; quand je les ai *entendus* gémir ainsi, *quel* que *fût* mon chagrin, j'ai *pris* une ferme résolution, et je me suis peu à peu *laissée* revenir à la vie.

Les deux francs que vous m'avez *déposés* pour arrhes de la chambre que vous avez *résolu* d'occuper dans ma maison, n'ont pas *suffi* pour que je vous la conservasse; *quelques* bonnes intentions que j'aie *eues* à cet égard, je me suis *trouvée* obligée de suivre les ordres que m'a *dictés* mon mari. Le peu de résistance que j'ai *faite* n'a pas été suffisante pour le convaincre, et il m'a *annoncé* qu'il voulait que la chambre *fût louée* à une nouvelle venue, une des plus exécrables créatures qu'ait *produites* le pays.

51ᵉ Dictée.

Quel magique spectacle que cette immensité d'eau que l'on appelle Océan, et sous laquelle sont *submergés* les deux tiers du globe! ses eaux baignent et ont toujours *baigné* les parties les plus basses, et tendent à l'égalité en cherchant leur niveau. Néanmoins, *quelque* stationnaires qu'elles soient, *toutes retenues* qu'elles paraissent être dans le lit que Dieu leur a *creusé*, nous nous demandons quelle force les a *bouleversées* tant de fois, qu'on les a *vues* couvrir la terre et entraîner pêle-mêle, pierres, rochers, végétaux, habitants; quel choc puissant les a *remuées* jusqu'au *fond?* Le flux et le reflux qui les agitent dureront autant qu'elles; mais ils sont uniformes et ne constituent pas un de ces terribles *cataclysmes* comme en ont *éprouvé* les époques les plus reculées. Deux astres, le soleil et la lune, contribuent à la marée qui remue la masse de l'eau; *tout* uniforme que paraisse la surface de la plaine liquide, le *fond* des bassins renferme des rocs à *pic*, des vallées, des terrains de toutes les espèces, et cependant le nautonier, sur un frêle esquif, brave les récifs, et par l'intelligence que Dieu a *donnée* aux hommes, échappe aux gouffres terribles qui semblent *prêts* à engloutir l'embarcation d'où dépendent l'espérance, la fortune et l'avenir de toute une famille.

32ᵉ Dictée.

L'homme, vassal du ciel, mais roi de la terre, ennoblit, peuple, embellit la nature, y multiplie le raisin et la rose, élague le chardon et la ronce. Voyez ces tristes contrées où l'homme n'a jamais *résidé*, *couvertes* ou plutôt *hérissées* de bois épais et noirs, d'arbres sans sève et sans cime, *courbés*, *rompus*, tombant de vétusté, d'autres gisant au pied des premiers pour pourrir sur des monceaux déjà *pourris*, et sous les germes *prêts* à éclore ; d'autres enfin *tout couverts* de plantes parasites, fruits impurs de la corruption. Ici des terrains fangeux, des marécages ne nourrissant que des insectes venimeux, et servant de repaires aux animaux immondes; près de ces marais infects s'étendent des savanes qui n'ont rien de commun avec nos prairies, et qui forment seulement une bourre grossière. A la vue de ces profondes solitudes que Dieu a *créées*, l'homme s'écrie, saisi d'effroi: La nature brute est hideuse, c'est moi, moi seul qui *peux* la rendre agréable et vivante; animons donc ces eaux, mettons le feu à ces forêts à *demi* consumées, et qu'une nature nouvelle sorte de nos mains!

53ᵉ Dictée.

Les quelques jours de beau temps qu'il y a *eu* n'ont été qu'un présage trompeur du printemps qui est encore loin de se montrer; les frimas sont *revenus*, la neige couvre de nouveau la terre et ne permet guère aux primevères, aux *perce-neige* et aux autres fleurs printanières de se développer et de quitter l'intérieur de la terre, où elles ont *germé* une partie de l'hiver.

Ce qu'il y a de plus fâcheux, c'est que la santé, quelque solide qu'elle soit, s'est *ressentie* de ces froids intempestifs et de ces variations incessantes qui, en changeant les habitudes, ont *altéré* les plus forts tempéraments. *Tout* malheureux que nous sommes d'être *enchaînés* près du foyer pour un léger rhume ou des douleurs de goutte, nous serions injustes de nous plaindre en pensant à tant d'infortunés que nous avons *vus* gisant sur la paille, dans des greniers à *claires-voies*, sans pain ni bois, malades, *privés* d'ouvrage, sans qu'une seule main amie *songeât* à les secourir; beaucoup sont morts, d'autres ont *vu* de simples indispositions dégénérer en maladies *aiguës*, telles que des *catarrhes* et des *asthmes*, et Dieu sait si les beaux jours ramèneront quelque aisance au sein de ces familles infortunées!

54ᵉ Dictée.

Beaucoup d'hommes illustres n'ont pas *montré* dès leur enfance, le génie ni le talent qui, depuis, les a *rendus* célèbres. On en a *vu* que leurs parents dédaignaient comme des êtres abjects et nuls, qui, à peine sortis de l'enfance, se sont *distingués* par un mérite transcendant. Parmi ces hommes que l'éducation, la réflexion, l'expérience développent, il faut compter Gesner, un des plus aimables poëtes qu'aient *produits* les temps modernes. Il naquit à Zurich; jusqu'à dix-huit ans, on l'occupa à l'étude des langues *grecque* et *latine* qu'on lui enseigna avec pédanterie, et qu'il ne comprit guère, *quelle* que *fût* l'application qu'il semblait apporter aux leçons que lui donnaient ses maîtres. Les heures qu'il dérobait à ses surveillants, étaient *employées* à modeler en cire des groupes d'hommes et d'animaux; avec ses épargnes, il s'achetait les objets nécessaires pour satisfaire son goût dominant.

Quelque sévérité que *montrât* son père, *quelles* que fussent les prières de sa mère, il ne pouvait se détourner de son travail bizarre, dont il nous a *laissé* les détails dans d'énormes liasses de *papiers*. Eh bien! cette espèce d'idiot avait de l'ascendant sur ses camarades. On les avait *entendus* dire que ses maîtres le *jugeaient* mal; on put s'en convaincre quand il eut *atteint* vingt ans.

35ᵉ Dictée.

Nul siècle n'a plus *abondé* que le nôtre en systèmes politiques, religieux et moraux. Depuis cinquante ans les théories se sont *succédé* avec une promptitude et une abondance *effrayantes*; nous les avons *vues* paraître par milliers, tous les moralistes nous en ont *inondés*; mais, quelque bien conçu que *fût* leur plan, *quelle* que soit la conscience qu'ils ont *apportée* à la confection de leur œuvre, ils ont *eu* la douleur, pour la plupart, de la voir *abandonnée* pour une plus nouvelle. Quelques-uns se sont *consolés* en pensant qu'ils avaient *fait* un peu de bien, d'autres se sont *fâchés* de voir critiquer et négliger leurs ouvrages, et ont *prétendu*, à tort, que la nation voulait rester *emmaillottée* dans ses anciens préjugés.

36ᵉ Dictée.

Quels que soient le luxe et l'élégance de nos demeures européennes, ils sont loin d'égaler le bon goût et le confortable qu'on a toujours *remarqués* dans les habitations des riches créoles. Certes, ce ne sont point nos lambris dorés, nos rainures cannelées, tous ces magots de porcelaine, ces riches coffrets, ces *mille* jolis riens qui se *voient* sur nos cheminées et nos riches étagères; mais ce sont des productions bien plus intéressantes, celles d'une riche végétation : à travers les stores de taffetas, s'aperçoivent des touffes de fleurs odoriférantes qu'on a *laissées* grimper le long des murailles, des grappes d'acacia qui se sont *mêlées* à d'autres arbres balsamiques, et qui, se glissant à travers les fentes des jalousies, embaument les appartements. Ici sont *suspendus* des hamacs *recouverts* d'une moustiquaire si finement *travaillée*, que les insectes, *quelque* petits qu'ils soient, n'en pourraient traverser les mailles qu'ont *tricotées* ou *tressées* d'habiles esclaves.

57ᵉ Dictée.

Près du château où s'étaient *écoulées* mes jeunes années, se voyaient des rocs nus, escarpés, *couverts* de neiges éternelles, *coupés* par des sentiers dont la pente *roide* et difficile côtoyait d'affreux précipices. *Quel* que *fût* le danger de ces routes sauvages, j'aimais à les parcourir ; ici, des torrents impétueux ; là, des antres obscurs où le chamois allaitait ses petits ; plus loin, une immense forêt d'ifs et de pins ; enfin, une plaine *découverte*. Jamais un site plus beau ne s'est *offert* à mes regards ; *quelques* pays que j'aie *parcourus*, *quelque* agrestes que soient les lieux que j'ai *visités*, je n'en ai pas *trouvé* de comparables à ce hameau suisse, et pourtant que de contrées n'ai-je pas *explorées* dans ma vie aventureuse !

Quelquefois des montagnards que je n'avais point *vus* s'approcher, se trouvaient près de moi ; ils se rendaient à la chasse où les entraînaient leur inclination et *l'appât* du gain ; car la venaison se vend *cher* en Suisse : les voyageurs en sont friands, et la *paient* fort bien, quoiqu'il soit d'usage de ne vanter de la Suisse, que le poisson et le laitage qu'ont *fournis* les lacs et le bétail.

38ᵉ Dictée.

Ma chère amie, le *fonds* de terre que m'a *légué feu* ma *grand'tante* et qui m'a été si vivement *contesté* par ma *feue* cousine, et par *feu* mes cousins, vient enfin de m'être *adjugé*, *quelque* valables que fussent en apparence les droits que toute ma famille s'était *arrogés*.

J'espère bien que tu viendras dans cette charmante propriété, partager tous mes plaisirs champêtres. *Quelles* délices de cultiver soi-même ses fleurs et ses légumes! J'ai à peu près *quatre-vingts plants* de rosiers magnifiques; mes *plates-bandes* sont couvertes de dahlias et de camélias d'une espèce rare; *quant* aux légumes, je t'en promets, tels que tu n'en manges pas souvent à Paris; j'ai, entre autres, des salsifis qu'on m'a *assuré* venir en ligne directe du Japon. Si tu aimes le cresson *alénois*, j'en ai des champs entiers. Les soins de la ferme ne nous occuperont pas moins ; j'ai en tout *deux cents* bêtes à cornes, et une des plus belles *basses-cours* qu'on ait jamais *vues*. A tous ces agréments, je *joins* celui d'être dame de paroisse, et j'occupe la première place dans le banc d'honneur de notre modeste église.

39ᵉ Dictée.

Il faut que chacun *concoure* au bien-être général, que le riche *sccoure* le pauvre, que le pauvre ait de la reconnaissance pour le riche, sans envier les grands biens que lui a *départis* la Providence. Ainsi s'effectuera cette parole du divin Sauveur : Aimez-vous les uns les autres comme je vous ai *aimés*. S'il en est parmi vous qui haïssent leurs frères, qu'ils soient repris par l'Église, et s'ils n'écoutent pas l'Église, qu'ils soient *regardés* comme des païens ou des publicains. L'égoïsme est antichrétien, la charité est le *fond* du christianisme. Le peu de charité que nous aurons *eue* pour nos frères, nous sera *comptée* au centuple, quand viendra ce jour où nous comparaîtrons devant le juge qui connaît les replis de notre cœur, *quelque* profonds qu'ils soient, et apprécie les motifs qui nous ont *fait* agir, de quelque apparence de vertu que nous les ayons *colorés*. Alors plus de palliatifs, plus d'accommodements avec sa conscience ; ainsi nous aurons été, ainsi nous serons *récompensés*. En vain requerrons-nous un autre *poids*, une autre mesure que celle dont nous nous serons *servis*, nos actions seront *jugées* par celui qui nous les aura *vus* faire. A chacun selon ses œuvres.

40ᵉ Dictée.

Comme le *siége* de Syracuse est un des plus fameux dont aient *parlé* les anciens, nous allons en donner une description *détaillée*. Quoiqu'il nous *semblât* nécessaire de dire d'abord de quelle façon se faisaient les *siéges*, quand il n'y avait ni artillerie, ni poudre, nous avons mieux *aimé* remettre cette explication à un autre temps, et donner instantanément le *plan* de la ville, une des plus florissantes et des plus riches qu'ait *eues* la Grande Grèce. Elle avait *vingt milles* de circuit, c'est-à-dire sept lieues, sans compter ses faubourgs. L'air y était *sain* et pur ; il n'y avait point de jour dans l'année, *quelque* nébuleux qu'il *fût*, où le soleil ne *parût* au moins pendant quelques heures.

Cette colonie grecque s'était *vue* à diverses fois au pouvoir des tyrans qui s'étaient *plu* à l'embellir, ainsi que l'auraient *fait* des rois légitimes ; c'est une preuve que la tyrannie, quelque odieuse qu'elle soit, ne corrompt pas toujours les bonnes qualités que donne la nature, et qu'il faut quelquefois que l'esprit le plus fécond en malice, se *distraie* des noirceurs qu'il a *conçues*, par l'application aux arts et aux sciences.

Je n'en conclus pas qu'il faille des tyrans.

41ᵉ Dictée.

Les poésies d'Ossian, qu'a *traduites* un des plus grands *poëtes* (1) qu'ait *eus* l'Angle-

(1) Académie.

terre, sont *empreintes* d'une mélancolie sombre comme le sol qui les a *vues* naître : les bardes qui les ont *composées*, se sont *identifiés* avec les objets qu'ils ont *voulu* peindre, et les ont si bien *rendus* que nous croyons, en lisant leurs œuvres, assister aux scènes lugubres qu'ils nous racontent. Écoutons un des fragments qui méritent le plus d'être *remarqués*, comme donnant une idée de ce genre de poésie.

« Quel est ce vieillard à cheveux blancs qui s'avance, et dont les pas *errants* vacillent, incertains, çà et là sur la bruyère? Son visage est pâle comme un rayon de la lune, il est *vêtu* des nuages légers de la colline des chevreuils ; ses yeux *éteints* versent des pleurs *amers*. Est-ce toi, cher Ossian, toi qui naguère brisais les boucliers de tes ennemis? Toi qui ne connus jamais la crainte? D'où vient ton trouble; parle, qu'as-tu? — Enfant, reprit le fantôme, éloigne-toi de cette plaine, fuis ces lieux que la mort va frapper : n'entends-tu pas déjà le bruit de l'ouragan, le souffle des vents, les hurlements de tes dogues fidèles ? Enfant, crois-moi, prends ta lance et fuis. — *Puissé*-je être *privé* de la lumière éternelle, si je fuis devant ce danger, ne *fût-ce* que d'un pas ! reprit le jeune homme. Et comme il disait, une foule de guerriers accourent, tels qu'une nuée d'oiseaux de mer; on *eût cru* entendre le fracas de la foudre. Ils s'abattent sur le vallon en longues files, et fondent sur l'intrépide enfant. »

42ᵉ Dictée.

Une des règles que l'on a le plus souvent *violées*, est celle que nous nous sommes *proposé* d'appliquer dans cette première phrase. La tâche qu'on nous a *donnée* à remplir, nous a *forcés* de multiplier les difficultés, *quel* que *fût* d'ailleurs notre désir de ne pas tendre des panneaux aux aspirants.

Personne ne sera assez *dépourvu* de raison pour blâmer les épreuves que l'on est *obligé* de subir dans les examens. Cependant, à l'une des dernières séances, les *quatre-vingts* personnes présentes ont été *tout étonnées* du cas qui s'est *présenté* dans la dictée ; elles s'étaient *laissé* tromper par une fausse analogie. Néanmoins, quelques-unes ont *trouvé* la solution qu'on leur avait *recommandé* de chercher ; mais la plupart sont *demeurées tout* incertaines de la règle qu'elles auraient *dû* appliquer.

Outre les règles de grammaire, il y a d'autres connaissances que l'on a *jugées* obligatoires : on exige que les candidats sachent l'orthographe usuelle, c'est-à-dire celle des mots le plus souvent usités, et qui, pourtant, sont le plus souvent mal *écrits*. On doit aussi connaître les homonymes, tels que *appas*, *appât*, *acquis*, *acquit*, *air* pur, *aire* d'aigle, *alêne*, *haleine*, avoir les *auspices* favorables, pour ne pas entrer dans les *hospices* de charité.

43ᵉ Dictée.

Bien des années s'étaient *passées* depuis le jour où je m'étais *éloignée* des lieux qui m'avaient *vue* naître, et pourtant ils étaient toujours présents à ma mémoire. Je voyais encore le vieux presbytère, les arceaux du clocher, l'aiguille du cadran, la mare où venaient se jouer les canards du village. Puis, *c'étaient* les passe-temps agrestes, dans lesquels s'était *écoulée* notre enfance, à ma sœur et à moi. Ensemble, nous avions *cultivé* les jardins, *arrosé* des fleurs, *nourri* des oiseaux, *abattu* des noix ; pas un cerisier du verger qui ne se *distinguât* pour moi de tous les autres par *mille* souvenirs qui s'y rattachaient, *quelque* nombreuses que fussent les années qui s'étaient *succédé* depuis ces jours de mon enfance. Je me rappelais toujours la figure des deux gardes champêtres, figure sévère, dure, maussade ; je me souvenais des scènes que je les avais *entendus* faire aux petits pâtres, quand ces pauvres enfants ne retiraient pas assez vite leurs troupeaux des champs *ensemencés*, ou de la lisière des jeunes taillis. Ces choses simples, naturelles, uniformes, *tout* entières dans mon souvenir, n'existaient plus. Les deux cerbères étaient *morts*, une fabrique remplaçait le jardin, une maison nouvelle avait été *exhaussée* sur l'emplacement de l'ancienne église, et moi seule, semblais survivre à tout ce que j'avais *aimé!*

44ᵉ Dictée.

Depuis maintes années, les moralistes, *voire* même les *poëtes* (1), se sont *plu* à décrire les nombreuses distractions que les écoliers ont toujours *eues* quand, à l'heure des classes, ils ne se sont pas *sentis surveillés* par un maître sévère, *quels* que soient du reste leur goût pour l'étude, et leur docilité. Les reproches qu'on leur a *faits* sont-ils communs aux étudiants des deux sexes? vous pourrez en juger *par ce* qui suit.

Les écoliers, prétend-on, sont *installés* depuis une *demi*-heure au moins, que leurs regards font encore des excursions du bout de la table aux paperasses qu'ils ont *amoncelées* devant eux. Ils tirent leur canif, affilent leur crayon, soufflent une paille,

(1) Académie.

grattent une tache d'encre avec toutes sortes de précautions; puis, harassés de tant de fatigues qu'ils se sont *imposées*, ils se renversent moelleusement sur leur fauteuil (*supposé* qu'ils aient des fauteuils) et bâillent. Quand un assez grand laps de temps s'est *écoulé*, le remords leur arrive en songeant qu'ils se sont *laissés* aller à l'indolence, et ils se relèvent résolûment, pour réparer les heures qu'ils ont *perdues*.... Mais, qu'est-ce maintenant? un chien *aboie*, un cheval hennit et piaffe sous la fenêtre, des *porte-faix* se querellent, et *tout résolus* qu'étaient nos jeunes gens à se rendre au travail, les voilà perdant de nouveau le peu de bonne volonté qu'ils s'étaient *sentie*. Je vous fais juges, mesdames, si c'est ainsi que se conduisent les jeunes personnes que vous êtes *chargées* de diriger.

45ᵉ Dictée.

Les nouvelles que nous avons *reçues* des îles récemment *découvertes*, et que nous avons *négligé* de vous communiquer, *tout* intéressantes qu'elles semblaient être au premier coup d'œil, n'ont point *paru* assez certaines pour qu'on leur *donnât* une grande publicité. Il est prudent de se tenir en garde contre l'enthousiasme trop commun, aux voyageurs dont l'imagination, quelquefois bizarre, se crée des fantômes, et, dans les récits emphatiques d'un style ampoulé, nous donne, pour des réalités, les illusions auxquelles ils se sont *laissé* trop facilement entraîner. Il arrive même, *quelle* que soit d'ailleurs leur bonne foi, qu'ils finissent par croire eux-*mêmes* aux merveilles qu'ils ont *tirées* de leur propre *fonds*; aussi, en voit-on qui se sont loyalement *reproché* dans la seconde édition de leur livre, les erreurs qu'ils avaient *accréditées* dans la première. Mieux vaut-il passer pour des conteurs un peu gascons, que pour d'impudents menteurs. Une confession sincère et complète de leur péché, fait pardonner le droit exorbitant qu'ils s'étaient *arrogé* d'abuser les lecteurs trop crédules.

46ᵉ Dictée.

Quel hiver nous avons *eu* cette année! Qui de vous, mesdames, ne s'est souvent *sentie attristée* à l'aspect de ces rues boueuses, de ces murs où l'eau suinte, de ces toits couverts de givre? En vain Paris opposait le *brouhaha* de ses fêtes au deuil de la saison, en vain les carrefours retentissaient du bruit de ces *mille* carrosses qui voituraient à *l'envi* riches et prolétaires, qui portaient la foule aux concerts monstres, ou promenaient de bruyantes mascarades; la tristesse était au *fond* de ces joies assourdissantes. Quelque ardeur que vous ayez *sentie* au départ, *toutes* vives, *tout* enjouées que vous ayez *paru*, n'étiez-vous pas quelquefois sérieuses et moroses au sortir de ces brillantes réunions où tous les plaisirs s'étaient *donné* rendez-vous? tandis que le moindre rayon du soleil qui vient percer l'atmosphère aqueuse où nous étions *noyés*, une brise du midi qui sèche nos murailles moisies, et nos ruisseaux fétides, porte la joie dans tous les cœurs. Joie de la nature qui ne fatigue jamais, joie inconnue à ceux qui se sont *laissé* blaser par les plaisirs éphémères des salons !

47ᵉ Dictée.

Quels que soient le talent et l'art d'écrire que possèdent plusieurs de nos contemporains, *quelques* belles pages qu'ils nous aient *données*, ils n'ont point ce cachet de simplicité, cette élégance succincte, cette logique convaincante qui distinguent les écrivains du siècle de Louis-Quatorze. Ici, c'est le style parfois railleur, parfois profond de Pascal ; là, ce sont les narrations pleines de grâce que nous a *laissées* Fénélon : puis, ces traits véhéments, cette énergie d'expression qu'un rare génie arrache à Bossuet. Bossuet ! ce grand homme qui a *pris* son essor dans des régions tellement *élevées*, que ses rivaux eux-mêmes se sont *plu* à le surnommer l'aigle de Meaux. Oublierons-nous Bourdaloue, serré, pressant, concis ; qui ne permet pas le doute, qui *appuie* chacune de ses propositions de preuves indubitables, qui *convainc* et relance l'incrédule dans les derniers retranchements qu'il s'est *choisis*, *quelques* raisons que celui-ci ait *cru* avoir à lui opposer? Viennent ensuite Fléchier et Massillon qui se sont *emparés* de notre cœur, et nous ont *conduits* à l'admiration par une *voie* moins énergique, mais *toute* douce, *tout* aimable, et si séduisante, que nous nous y sommes *laissé* entraîner sans nous en apercevoir. L'un et l'autre possèdent un grand esprit d'observation, qui n'exclut cependant pas la force et le pompeux.

48ᵉ Dictée.

J'ai *tardé* bien longtemps, madame, à vous adresser les renseignements que vous m'aviez *demandés*. C'est que, *tout* habituée que je suis par un long exercice à diriger l'enfance, les difficultés que j'ai *rencontrées* auprès de mademoiselle votre fille, ont *dépassé* tout ce que vous m'aviez *fait* présumer. D'abord, je n'ai *trouvé* qu'un esprit présomptueux, irascible, rancunier, sur lequel *toutes* remontrances, *quelque* douces qu'elles fussent, étaient impuissantes. *Quelque* répugnance que j'aie pour les *voies* disciplinaires, quelque peu que j'en espère habituellement, je me suis *vue* forcée d'y recourir pour briser ce caractère hautain et rebelle; mais j'ai *trouvé* de nouveaux obstacles auxquels je ne m'étais pas *attendue* : aux façons acerbes et caustiques, aux coups de tête, aux taquineries de toute espèce, j'ai *vu* succéder une atonie décourageante, une torpeur, une insouciance, qui n'opposaient plus à mon zèle que la force d'inertie. Depuis quelques jours seulement une lueur d'activité a *brillé*. En viendrai-je à mon honneur; votre enfant sortira-t-elle bientôt de cette nouvelle crise; s'éveillera-t-elle au goût de l'étude, et pourrai-je bientôt vous mander que je l'ai *vue* entrer dans une *voie* d'amélioration? Je l'espère, madame, et je ne renonce pas encore à l'œuvre que vous m'avez *confiée*.

49ᵉ Dictée.

La manière dont la Providence a *pourvu*

à la soif de l'homme dans les lieux arides, est admirable! Elle a *fait* naître dans les sables brûlants de l'Afrique, une plante dont la feuille est toujours *emplie* d'un grand verre d'eau fraîche. *Quelle* que soit la chaleur, *quelque* sécheresse qu'il y ait *eu* depuis plusieurs mois, cette eau ne tarit jamais.

Les caravanes qui se sont *aventurées* dans ces déserts, ont *rencontré* le plus grand arbre dont aient *parlé* les voyageurs. Cet arbre a son tronc *creusé* comme une citerne, et *rempli* d'une eau pure qu'il a *conservée* au moyen du feuillage touffu qui couronne son sommet.

Les rochers stériles des Antilles ont leurs fontaines végétales; ce sont des plantes dont chaque branche contient plus d'eau que n'en pourrait boire un homme, *tout* altéré qu'on le suppose.

Des chasseurs qui s'étaient *égarés* dans les forêts de l'Amérique, ont *échappé* à une mort cruelle en suçant certaines feuilles dont ils ont *senti* s'écouler une liqueur, la plus rafraîchissante qu'ils aient jamais *goûtée*, et qui les a sur-le-champ *rappelés* à la vie.

50ᵉ Dictée.

Le Dauphin, depuis Louis-Onze, n'avait que *vingt* ans qu'il laissait déjà voir un caractère dont les défauts et les vices ne ressemblaient en rien à ceux qu'avait *montrés* sa dynastie. *Quelques* qualités que possédassent les hommes dont il était *entouré*, *quelque* dévoués qu'ils fussent à leur monarque ou suzerain, Louis s'en méfiait ; sa politique méticuleuse, son amour-propre jaloux, ne lui permettaient pas de s'en servir. Il connaissait les hommes, il craignait leur versatilité ; il souffrait avec peine *toute* espèce d'autorité, *quelle* qu'elle *fût*. Aimant la gloire, quoiqu'il ne la *comprît* pas comme ses prédécesseurs, il quitta la cour de son père pour aller à celle du duc de Bourgogne, qu'il se rappelait avoir *vue* si brillante. Il affectait une dévotion qu'il n'avait jamais *eue* au *fond* du cœur.

Esprit matois, il transformait ses valets en *hérauts* d'armes ; ses bourreaux en compagnons, ses barbiers en compères; et cependant, il faut en convenir, il fut un des plus grands rois qu'ait *eus* la France : il donna l'essor au commerce, créa les postes, foula aux pieds la féodalité que ses ancêtres avaient *laissée* croître, et récompensa tous ceux qui apportaient de l'étranger leur génie et leur industrie.

51ᵉ Dictée.

L'obélisque (terme qui signifie aiguille, broche, alêne, etc.) est une pyramide quadrangulaire, à base étroite, ordinairement *monolithe*, c'est-à-dire d'une seule pierre, *élevée* sur un piédestal, et *destinée* à perpétuer le souvenir de quelque événement mémorable.

C'est de l'antique Égypte que l'on a *tiré* les obélisques qui embellissent aujourd'hui les villes de Rome, de Constantinople, de Paris et autres. On croit que les Égyptiens s'en sont *servis* comme de styles pour des gnomons ou cadrans solaires, *tracés* horizontalement sur le sol. Ils sont, pour la plupart, *chargés d'hiéroglyphes*, c'est-à-dire de figures ou caractères sacrés, contenant un sens mystérieux pour ce qui regardait la religion, la politique et l'histoire. Bien des écrivains ont *prétendu* en avoir *trouvé* l'explication; mais il est encore *permis* de croire qu'ils se sont *laissé* conduire par leur imagination plus que par la vérité.

Quelles que soient les difficultés que présente l'érection de ces monuments, l'habile ingénieur a *triomphé* des obstacles que nous avions *cru* qu'il ne vaincrait jamais; il est *parvenu* à abattre, à transporter par mer et par terre, et à dresser sur sa base, l'obélisque que tant de siècles ont *respecté*, et que la postérité, *tout* incrédule qu'elle serait, admirera sur la magnifique place qui sépare les Tuileries de nos Champs-Élysées.

52ᵉ Dictée.

A la dernière foire du village, une cohorte de bateleurs, spéculant sur la curiosité publique, *avaient imaginé* d'établir une ménagerie d'animaux vivants; à les en croire, c'*étaient* des monstres tels qu'on n'en a jamais *vu*. Mais, *quelque* pompeuses que fussent les annonces qu'ils avaient partout *répandues*, *tout* emphatiques qu'étaient les promesses de la parade préliminaire, ils ont *obtenu* peu de succès, et nous les avons *vus sifflés* par la multitude. Leur assurance, *quelle* qu'elle *fût*, n'a *pu* faire illusion à des auditeurs moins faciles à duper qu'ils ne se l'étaient *imaginé*. Au *fond*, leurs prétendus monstres n'étaient que des animaux domestiques mal *déguisés*; leur faisan d'Asie n'était qu'un coq d'Inde; un matou de gouttière était *érigé* en jaguar de la Guyane; un vieux *verrat* figurait en sanglier des Ardennes, et ainsi du reste. Qu'ils ont *souffert* d'avanies quand la fraude a été patente!

Les compères qu'ils avaient *envoyé* chercher de *tous* côtés, se sont *succédé* rapidement, mais sans pouvoir leur être d'aucun secours; les spectateurs ne se sont pas *laissé* prendre au jargon hétéroclite de ces marchands d'*orviétan*. Le peu de créance que ces misérables ont *trouvé*, les a complètement *déconcertés;* leurs prétentions exorbitantes méritaient cet accueil, et les larmes de dépit que nous les avons *vus* répandre, n'étaient que le juste châtiment de la supercherie qu'ils avaient *osé* faire au public.

55ᵉ Dictée.

A la mort de Charles-Six, le régent Bedford gouverna à Paris pour son pupille Henri-Six : mais, *quelles* que fussent et sa force et sa puissance, *quelques* précautions qu'il *prît* pour calmer l'effervescence des esprits, beaucoup de familles qu'on aurait *crues* indifférentes aux événements, redemandèrent les princes légitimes, qu'elles avaient *vu* déposséder. Le peuple murmura, et quoique rien *n'annonçât* une révolution, Bedford eut peur, et résolut d'amuser la multitude, qu'il avait *entendue* se plaindre. Ses *hérauts d'armes* publièrent une fête; le lieu *choisi* pour la célébrer fut l'enclos du cimetière des Innocents; là, s'élèvent des piliers qui soutiennent de vastes amphithéâtres, où s'assiéront de nombreux spectateurs, pêle-mêle avec ces débris humains que les siècles ont *amoncelés*. Et quel sera le coryphée ou le héros de cette fête lugubre ? Le dirai-je ?... Un de ces squelettes *gisant* là ! On l'habillera ; le régent veut qu'il ait ses gardes, sa cour, un diadème, et devant ce hideux monarque, défileront des milliers de figurants burlesques et bizarres. Tels étaient les divertissements où se sont *laissé* entraîner nos aïeux.

53ᵉ Dictée.

Vous me demandez quelles impressions j'ai *ressenties* dans mon dernier voyage par mer. *Quelle* que soit la répugnance que j'aie à parler de moi, et *tout* infidèle que sera ma mémoire, je ne veux point échapper à l'obligation que m'a *imposée* la promesse que j'ai *dû* vous faire. Voici d'abord quelques détails qui, *tout* vrais qu'ils sont, ne vous paraîtront peut-être pas tous dignes d'attention : L'embarquement a quelque chose de solennel ; une espèce d'huissier ou de héraut, à la voix de *stentor*, au ton emphatique, fait un appel général, et au fur

— 31 —

et à mesure, chacun va prendre possession de son appartement. C'est une étroite cellule, dont tout le mobilier consiste en un matelas, un coffre ou *bahut*, et une chaise que des clous fixent au plancher ; *quant* au lit, un ingénieux mécanisme le maintient de niveau, et une fois la tête sur l'oreiller, on dort aussi bien que

.... « Sur la plume *entassée*
Dans le réduit obscur d'une alcôve *enfoncée*. »

Il y a un salon de compagnie, que la sculpture et la peinture se sont *disputé* l'honneur d'embellir ; des glaces à profusion semblent agrandir le local, et l'illusion serait complète, si quelques défauts du *tain* ne venaient la détruire. Néanmoins, elles ne sont pas rares, les personnes que l'on a *vues* s'y tromper, et qui s'y sont *même laissé* prendre tout à fait.

55ᵉ Dictée.

Je *t'envoie*, ma bonne amie, la layette que mes nièces ont *confectionnée* pour la pauvre femme dont tu nous as *parlé*, et que tu nous as si vivement *recommandée*; j'espère que tu la trouveras bien faite. J'ai *habitué* ces jeunes personnes aux travaux d'aiguille, et rien en ce genre ne les embarrasse. Elles font très-bien les points *arrière* et les *surjets*; elles froncent assez finement pour qu'on puisse plisser à *tout* petits plis. Je ne parle point des ourlets, couture facile à laquelle elles s'étaient *habituées toutes* jeunes. Ce n'est pas tout, elles *ouatent* fort joliment, et cousent proprement une ganse ou des *passe-poils* autour d'une robe. *Quelle* qu'ait été la gravité de leurs études, elles n'ont jamais *négligé* les ouvrages manuels, et elles s'en sont toujours bien *trouvées*. Un livre ne désennuiera pas toujours les femmes, *quelque* savantes qu'elles puissent être; mais une aiguille est pour elles une source de distractions aussi innocentes qu'utiles. J'en ai *connu* de fort spirituelles et de fort instruites, qui se seraient *laissées* aller au découragement, si elles s'étaient *vues obligées* d'étudier toute la journée.

56ᵉ Dictée.

De tous les environs de Paris, Meudon

est celui que je préfère, non pas pour son village dont les rues montueuses, au sol jonché de *cailloux* pointus, fatigueraient la marcheuse la plus *exercée*, mais pour les bois qui l'environnent. De quelque côté qu'on y arrive, tout est plaisir et surprise ; nulle part ne se trouvent des points de vue plus *ravissants*, des solitudes plus délicieuses ; vallées, collines, allées à perte de vue, routes cavalières, précipices, étangs, jusqu'à des champs en plein rapport, tout s'y trouve *réuni*. Qui ne connaît la solitaire et pittoresque habitation de Villebon, et surtout la charmante petite maison du garde, qui n'en est *éloignée* que de la largeur de la route ? Délicieuse retraite, dont le possesseur ignore peut-être tout le prix. Que de fois, assise sur le revers du fossé qui la borde, me suis-je *laissée* aller au plaisir de la contempler ! Si j'étais peintre, je l'aurais *voulu* reproduire sous les *mille* aspects que lui prêtent les diverses modifications de la lumière, ne sachant auquel donner la préférence, soit du moment où le soleil, l'inondant d'un flot de lumière, la fait paraître gaie, radieuse, presque coquette ; soit du moment plus doux où le crépuscule, l'enveloppant de ses ombres, *l'empreint* d'une teinte de mélancolie qui s'empare de l'âme, et la plonge dans une douce et vague rêverie.

Je ne t'aurais certainement pas *oubliée*, gracieuse levrette, au museau effilé, aux pattes fines et déliées, plus folâtre encore que les deux petits qui bondissaient à tes côtés sur un moelleux gazon, émaillé de pâquerettes dont la blanche corolle, *entr'ouverte* aux rayons du soleil, semblait vouloir se livrer au sommeil pendant l'absence de cet astre, en rapprochant doucement ses pétales *nuancés* à l'extrémité d'une légère teinte de rose.

57ᵉ Dictée.

Au seizième siècle, les *voies* de communication étaient si mal *entretenues*, et si peu *sûres*, même aux environs de la capitale, que quiconque allait de Lyon à Paris, faisait son testament. *Quelque* fréquentées que fussent les routes, on ne les pavait pas ; les ornières et les boues les rendaient impraticables ; le moindre *cahot* renversait bêtes et gens. Les rivières, *toutes* rapides qu'elles étaient, se passaient à *gué*, malgré les inondations. Les fleuves se traversaient sur des barques qu'on n'avait pas *su* rendre solides et *sûres*. Il n'était pas rare qu'on *rencontrât* le corps de quelque pendu, victime infortunée, qui avait *péri* dans un infâme *guet-apens*, et que ses assassins avaient *laissée* exposée à la voracité des oiseaux de proie. On conçoit d'après cet aperçu, que nos pères, *quels* que fussent et leur courage et leur force d'âme, n'avaient point tort de mettre ordre à leurs affaires, quand ils se voyaient *obligés* de faire une excursion d'une centaine de lieues.

Dans de pareilles routes, la vitesse était d'une *demi*-lieue à l'heure ; nos aïeux se seraient *crus* les gens les plus heureux du monde, s'ils s'étaient *trouvés* en possession d'une de ces immenses et lourdes diligences que nous avons cependant *abandonnées*, les trouvant trop lentes ; tant sont prompts les progrès que nous avons *vu* faire à la science.

58ᵉ Dictée.

La plupart des îles de l'Océanie se sont probablement *peuplées* par des naufragés, ou par des familles de proscrits, obligés de courir les mers pour éviter la fureur d'un vainqueur cannibale. C'est ainsi que vers l'an *mil* huit *cent* deux, *quelques* centaines d'Indiens ont *fui* leur patrie sur des radeaux, et, après avoir *erré* çà et là sur l'immense océan, où beaucoup d'entre eux ont *péri*, ont *abordé* sur ce point de la Polynésie, appelé archipel Gambier, et s'y sont *établis*, *quelle* que *fût* la frayeur que leur inspirèrent les énormes reptiles et les insectes venimeux dont ces îles sont *couvertes*. Les missionnaires qui, depuis, se sont *rendus* près d'eux, les ont *entendus* dire que la fertilité du terrain les avait *rendus* aveugles sur ce danger, quelque *imminent* qu'il *fût*.

C'est dans une vallée des îles Gambier que se voit un des arbres les plus extraordinaires qu'aient *remarqués* les voyageurs :

il a six *cents* pieds de circonférence ; son tronc est *composé* de colonnes réunies en faisceaux, comme des piliers d'église ; entre ces colonnes sont *percées mille* compartiments qui semblent *prêts* à recevoir des statues.

Certains voyageurs se sont *laissé* conter que cet arbre est ambulant.

59ᵉ Dictée.

Depuis que le capitaine et l'équipage se furent *aperçus* que nous étions à portée de les secourir, ils ne cessèrent de tirer le canon de minute en minute. Les créoles avaient *allumé* de grands feux sur la grève, où s'étaient *rendus* tous les habitants du voisinage, avec des câbles, des planches, des tonneaux vides, car tout annonçait l'arrivée prochaine d'une de ces terribles convulsions de la nature, comme nous en avions déjà tant *vu* dans l'île. Au *zénith*, s'étaient *amoncelés* des nuages d'un noir cuivré ; des milliers d'oiseaux de mer abandonnaient les mâts du bâtiment où ils avaient si longtemps *vécu*, pour venir chercher une retraite sur le rivage, *quelles* que fussent l'obscurité de l'atmosphère et la violence du vent. Les flots s'élevaient à une hauteur telle, que nous ne les avions jamais *vus* y atteindre, se brisant bien loin dans la baie avec des bruits rauques et effrayants, et roulant des pierres et des *cailloux*. Le canal n'était plus qu'une vaste nappe d'écume que balayaient le vent et la pluie, l'emportant à plus d'une *demi*-lieue de la côte. Des éclairs blafards sillonnaient les nues; il était à craindre que le bâtiment ne *rompît* son *ancre*, et ne se *jetât* sur les récifs qui l'entouraient. Les efforts que nous l'avions *vu* faire pour s'éloigner avaient été vains, et ceux que nous avions *essayé* de faire pour le joindre n'avaient point *réussi*, *tout* empressée que s'était *montrée* la population.

60ᵉ Dictée.

Quel que *fût* le plaisir que procurassent les tournois et autres fêtes chevaleresques du moyen âge, ce plaisir n'empêcha pas qu'on *n'accueillît* avec joie les premières pièces de théâtre qui parurent en France vers l'an *mil trois cent quatre-vingt-quatre*.

Les *poëtes* (1) provençaux, sous le nom de troubadours, en avaient *donné* l'idée deux siècles *plus tôt;* mais ils s'étaient *contentés* de composer *quelques* mauvaises comédies, qui n'avaient point été *représentées*. Ce *furent* des confrères de la Passion qui, pour faire jouer leurs mystères, élevèrent les premiers théâtres qu'on *eût* encore *vus* à Paris. *Quelque* différents qu'ils fussent des nôtres, ils avaient cependant la même forme, ou peu s'en faut; on y voyait plusieurs échafauds; les plus élevés représentaient le paradis; puis, venaient en descendant, le lieu où la scène se passait, le palais d'Hérode, le prétoire, la maison où le Seigneur fit la *Cène* avec ses disciples. A l'endroit où se trouve presque toujours une trappe, l'enfer était *représenté* par la gueule d'un dragon, où entraient et d'où sortaient continuellement des diables et des damnés. Les acteurs qu'on avait *entendus* parler,

(1) Académie.

s'asseyaient sur des gradins ; *quant* aux spectateurs, ils assistaient debout, et pêlemêle, à ces représentations pieusement *sacriléges*.

61ᵉ Dictée.

La commission que vous aviez *recommandé* de remplir le *plus tôt* possible, n'a pas *reçu* toute l'exécution que nous aurions *voulu;* quelle que *fût* notre envie de répondre à la confiance que vous nous aviez *témoignée, tout* active, *toute* dévouée qu'a été notre surveillance, nous n'avons *pu* surmonter les obstacles que nous a *suscités* une concurrence jalouse. Les agents que nous avions *envoyés* négocier, n'ont *obtenu* que des *demi-*succès, quoiqu'ils aient *fait* preuve de zèle et d'intelligence, et *quoi* qu'en aient *dit* les rivaux qui les ont *traversés*. Ces derniers se sont *donné* des louanges que n'a point *ratifiées* l'opinion de ceux qui les ont *vus* travailler, et les ont *entendu* priser par le public éclairé. Nous nous sommes *laissé* convaincre par des témoignages irrécusables, et par des renseignements certains que nous avons *envoyé* recueillir auprès des personnages les plus dignes de foi. Un des négociants qui *méritent* le plus de croyance, s'est *empressé* de nous offrir sa garantie, et beaucoup d'autres qui se sont *imposé* la loi de n'écouter que leur conscience, se sont *plu* à joindre leurs suffrages aux siens. Nos agents ont donc *fait* tous les efforts qu'ils ont *dû*.

62ᵉ Dictée.

Traduire, ce n'est pas seulement faire passer dans un idiôme le sens des phrases que vous avez *lues*; c'est conserver au style son mouvement, sa grâce, sa noblesse ; c'est reproduire l'intention d'une épithète, et la nuance d'un synonyme. Que de traducteurs aux abois se sont *laissé* vaincre par l'original, et, *quel* que *fût* leur bon vouloir, *quel-quel* exercée que *fût* leur plume, se sont *vus contraints* de donner une copie froide et décolorée de ces morceaux intraduisibles, éternel désespoir des *Dacier* et des *Delille!*

Quelque ardeur que nous mettions, mesdames, à perfectionner notre style, on n'initiera jamais notre sexe aux beautés de l'antiquité littéraire; mais la littérature moderne nous a été *réservée tout* entière, et le plus *sûr* moyen pour nous de nous fortifier dans la langue maternelle, c'est la traduction consciencieuse des livres qui sont justement *admirés* dans l'Allemagne, dans l'Italie et chez nos voisins d'outre-mer.

63ᵉ Dictée.

On peut placer à la suite des poissons, les animaux marins, *nommés* crustacés, *couverts* d'une croûte plus forte que la peau, mais moins dure et moins solide que l'enveloppe des coquillages; tels sont les homards, les crabes, les écrevisses de mer et celles d'eau douce.

Les crabes que vous avez *vus*, et que vous voyez fréquemment, sont d'une moyenne grandeur, et ont au plus de huit à quinze pouces; mais il en est de si monstrueux, qu'une personne qu'ils auraient *surprise* endormie sur le rivage, et qu'ils auraient *saisie* de leurs pinces, ne pourrait se débarrasser d'eux, et serait bientôt *dévorée* par ces animaux carnassiers et voraces. De semblables malheurs ne sont pas rares, et on en a *cité* beaucoup d'exemples : l'amiral Anson a *péri* de cette manière.

C'est une propriété particulière à cette espèce, de reproduire assez promptement ceux des ses membres qui se sont *rompus* et se sont *détachés* de leur corps. Sans cette précieuse faculté qu'ils ont *reçue* de la nature, la longueur de leurs pattes et de leurs pinces délicates et fragiles qui peuvent se briser au moindre accident, exposerait souvent ces animaux à périr.

64ᵉ Dictée.

Parmi les crustacés, on remarque l'espèce *appelée* Pagure. Le corps de ce poisson est *couvert* de la même croûte que celui des écrevisses et des crevettes, la queue *exceptée*. Pour la mettre à l'abri de tout danger, il se loge dans la coquille d'un poisson mort ; alors on le nomme Bernard l'Ermite, ou soldat, parce que sa tête et ses pattes de devant qui sortent de cette petite nacelle sur laquelle il parcourt les mers, lui donnent en effet l'air d'une sentinelle en faction dans sa guérite, ou d'un solitaire confiné dans sa cellule.

On sépare encore de cette classe, sous le nom de Radiaires, des animaux marins dont l'enveloppe, plus forte que celle des Crustacés, n'est pas aussi dure que celle des coquillages, et peut être *considérée* comme une véritable peau, adhérente à une grande partie de leur corps; on les connaît sous le nom d'oursins, d'étoiles de mer, de têtes de Méduse.

On mange quelques espèces d'oursins. Il existe encore un rapport entre les Radiaires et les Crustacés, c'est que les parties de leur corps, rompues ou coupées, se sont *reproduites* assez promptement, et que les épines dont plusieurs sont *hérissées*, obéissent à la volonté de l'animal, dans tous les sens où il a besoin de les faire mouvoir. C'est à ces pointes qu'ils doivent les noms d'Oursins et de Radiaires.

65ᵉ Dictée.

Un des plus célèbres héros que la Mythologie ait *placés* au rang des dieux, c'est sans contredit Hercule. Il a *dû* sa renommée à ses exploits brillants et presque innombrables, car il en a *fait* à lui seul autant que la Fable en a *attribué* à tous les autres ensemble. Ses prouesses, *tout* incroyables qu'elles sont, *quelque* prodigieux que soient les actes *attribués* à ce grand destructeur de monstres, ses prouesses, dis-je, perdront beaucoup de leur crédit, quand on songera que le nom d'Hercule est commun à plusieurs héros de l'antiquité. Cicéron en compte six, et Varron en compte quarante-trois. Les plus généralement *connus* sont : l'Hercule égyptien, l'Hercule crétois et l'Hercule grec. Il suit de là, que les fameux travaux d'Hercule sont moins *étonnants* qu'on ne l'a *cru*, puisqu'ils appartiennent à différents personnages. *M'avancé*-je trop en disant que les doutes que nous avions *présumé* que vous auriez *eus* à cet égard, doivent être entièrement *dissipés?*

L'imagination des *poëtes* ajoutant encore aux faits *existants*, a *élargi* ce cadre, et *agrandi* le tableau des merveilles qu'ils ont *essayé* de rendre croyables; mais, *excepté* quelques bonnes gens trop *ingénus*, tous les bons esprits n'y ont *ajouté* que la foi qu'ils ont *voulu*. Les dates seules suffiraient pour prouver qu'il a *existé* plus d'un Hercule; car le nombre des années qu'un seul aurait *vécu*, surpasse de beaucoup celui qui est *accordé* au commun des hommes.

66ᵉ Dictée.

Quelle que soit la fortune de la jeune dame que vous avez *vue* hier entrer chez moi, *tout* opulente qu'était la maison de son père, elle s'est toujours *montrée* simple dans ses goûts, quoique pleine de bonne grâce et d'élégance. Ses appartements sans sculptures ni dorures, sont commodes et de *plain-pied*. Elle s'est *brodé* un meuble en tapisserie qui est une des plus jolies choses que vous ayez jamais *vues*. Si son boudoir est *rempli* de curiosités, telles que des théières, des tasses en fine porcelaine, des verres en cristal de toutes couleurs, enfin de ces mille petits riens qu'aime tant notre société, c'est qu'on les lui a *donnés*. Les voiles, des dentelles et autres présents qu'elle a *reçus* lors de son mariage, lui ont *suffi* sans qu'elle ait *exigé* de son mari de nouvelles dépenses ; elle s'est toujours *trouvée* aussi bien parée avec de simples boucles d'oreilles en *jais*, qu'avec les plus beaux diamants ; ses cheveux, noirs comme l'aile du *geai*, n'ont pour tout ornement que les fleurs des champs. Quoiqu'elle *aimât* autrefois les riches broderies, elle s'en est *privée* depuis, et a *distribué* à de pauvres familles l'argent de sa toilette ; et cependant, *quelque* simples que soient ses atours, elle paraît toujours une des plus gracieuses femmes du monde.

67ᵉ Dictée.

Notre siècle, un des plus *tolérants* qu'ait

signalés l'histoire, comprend mal ce qu'étaient les excommunications au moyen âge; *quelles* que soient nos idées à cet égard, elles sont encore loin de la vérité.

Dès que le pape avait *fulminé* une bulle, toutes les cérémonies religieuses étaient *suspendues, quelles* qu'elles fussent; à la place des images du Sauveur, de la Vierge et des Saints grossièrement *sculptés* en dehors des églises gothiques, on élevait de ces figures bizarres, *représentant* des scènes lugubres, l'enfer, les sept péchés capitaux, toutes choses propres à effrayer le peuple. La Croix qu'on avait *vue* si longtemps s'élever du *faîte* de l'église, est maintenant *voilée*; le sanctuaire est *fermé*, le *chœur* désert, tout a *disparu*. L'enfant croît sans baptême, le *serf* meurt sans sacrements. *Quelles* que soient les supplications que les barons eux-*mêmes* adressent aux prêtres, il ne s'en rencontre pas qui osent braver l'autorité du pape en versant l'eau sainte sur la tête de l'héritier du castel, en admettant au banquet sacré la jeune damoiselle qui, jusqu'alors, s'est *montrée* si pieuse, et qui sait à peine ce que signifient l'enfer et l'anathème qui ont *frappé* ses proches, car elle ne les a jamais *entendus* parler contre l'Église; plusieurs *même* ont *combattu*, et sont *morts* en terre sainte.

68ᵉ Dictée.

La France vient de perdre un des plus savants antiquaires qui aient *existé*. Pas un des hommes qui aiment les vieilles mœurs et l'antique poésie, n'ignore son nom, car il est un de ceux qui se sont les premiers *occupés* de l'étude minutieuse de nos richesses nationales. *Tout* arides que semblent devoir être les détails qui s'y rapportent, il ne s'en est jamais *fatigué;* quelque patience que demandent les recherches qu'il s'est *vu* obligé de faire, cette patience ne lui a pas *manqué*, il l'a *exercée* sans qu'aucun autre sujet *pût* l'en distraire. Mais aussi que de richesses éparses n'a-t-il pas *amassées!* quelle renommée n'en a-t-il pas *tirée!*

Laquelle de vous, mesdames, ne s'est

empressée de visiter l'hôtel de Cluny, ancienne abbaye, maintenant le dépôt de tant de lambeaux profanes, de reliques vermoulues? Toutes ces vastes salles étaient autrefois des cellules solitaires; ce sont aujourd'hui des galeries, où sont *amoncelés* des hallebardes rouillées, des vitraux fêlés, des dentelles fanées, des dalles funèbres, des faïences plus curieuses que toutes celles que vous avez *vu* vendre sur les quais, et dont plusieurs concurrents se sont *disputé* la possession, *quel* qu'en *fût* le prix.

69ᵉ Dictée.

La ville de Paris s'est prodigieusement *embellie* depuis cinquante ans; les personnes qui l'ont *quittée* alors, et que leurs affaires y ont *ramenées* depuis, en ont été *tout étonnées, toutes saisies* d'admiration. Les petites rues obscures où se sont *passés* tant de lugubres événements, ont *disparu* pour la plupart; les autres sont *nettoyées, assainies* par de nombreuses fontaines que vous avez *vu* construire il y a quelques années; le gaz les éclaire, les maisons en sont *exhaussées*, et des *canaux* souterrains servent à l'écoulement des eaux. *Quant* aux quartiers du centre, ils sont merveilleux. *Quelque portés* que soient les étrangers à ne louer que les lieux qui les ont *vus* naître, *quelques* préventions que plusieurs avaient d'abord *conçues* contre notre capitale, *quel que* soit le peu de justice qu'ils ont souvent *rendu* à la France, ils se sont tous *accordés* à louer nos monuments, nos arcs de triomphe, nos Champs-Élysées, notre Carrousel, nos *boulevards* et nos carrefours que sillonnent en tous sens des milliers de carrosses, d'omnibus et autres voitures *publiques*.

70ᵉ Dictée.

Tout instruite qu'était madame Dacier, *quel* que *fût* l'accendant que sa supériorité *dût* lui donner sur les autres femmes, elle s'est toujours *montrée* avec elles d'une simplicité et d'une modestie charmantes, écoutant volontiers, sans ennui apparent, les petits riens futiles des gens du monde ; causant coiffure, toilette, modes ; s'enquérant de *mille* petits détails qu'on aurait *cru* devoir lui être absolument étrangers, et cela, tout naturellement, sans qu'on *pût* s'apercevoir qu'elle avait peut-être *passé* la nuit à traduire et à commenter les belles poésies *grecques* que nous a *laissées* Homère.

A l'âge de douze ou treize ans, madame Dacier, une aiguille à la main, assistait aux leçons que son père donnait à un fils inattentif et paresseux, et la jeune fille soufflait tout bas à l'élève les réponses qu'il n'aurait jamais *trouvées* sans elle, tant elle avait *profité* silencieusement des explications qu'elle avait *entendu* faire, et qui ne lui étaient cependant pas *adressées*. Eh bien ! s'écria un jour le père enchanté, laisse là tes travaux de femme, et reçois de moi les conseils qui te seront utiles pour ce que tu as si heureusement *commencé*.

71ᵉ Dictée.

Il n'est pas un voyageur allant de Paris

à Nantes, *quelle* que soit sa préoccupation, qui ne donne *quelques* regards aux ruines éparses çà et là sur la route, et dominant les belles prairies qu'arrose la Loire. L'observateur remarque, entre autres débris, l'ancien manoir qu'ont *habité* les sires de Laval; les siècles l'ont *respecté*, ses créneaux et ses tours semblent encore menacer le passant; ses murs d'enceinte se sont *écroulés* en partie; mais à travers les bruyères et les genêts qui sont *poussés* dans les cours et s'y sont *amoncelés*, on aperçoit l'ouverture des souterrains et des oubliettes, où tant de malheureux se sont *vu* enterrer *tout vivants*, où tant d'innocents ont *expiré* dans les supplices et les tortures; car les seigneurs de Laval ont été, pour la plupart, féroces et sans pitié, *s'entourant* de carcans, de chevalets et autres instruments propres à inspirer la terreur et l'effroi.

C'est dans ce castel que, vers la fin de l'année *mil* quatre *cent* quarante-six, le frère d'un duc de Bretagne périt victime d'un fratricide. Les vassaux et les *serfs* du meurtrier vengèrent le jeune prince par leurs révoltes incessantes, et par les cris de malédiction qu'ils proféraient contre leur duc, quand aux solennités publiques il se montrait à la foule insultante : *périssent* le duc et ses enfants, s'écriait-on de toutes parts : *puissent* leurs dernières heures être *remplies* d'angoisses comme le furent celles du comte Gilles ; et quand ils demanderont merci à Dieu, que Dieu les *voie* sans merci et *rejette* leurs prières !

Ainsi leur arriva-t-il.

72ᵉ Dictée.

Les costumes ont beaucoup *varié* en France, dans le moyen âge. Sous Philippe le Bel, les valets seuls portaient l'habit court, à moins que ce ne *fût* à la guerre. Un siècle plus tard, la cour élégante qu'avaient *formée* les princesses de Bourgogne, amena la mode des pourpoints, des hauts-de-chausses, et des souliers à la poulaine longs d'une *demi*-aune ; le heaume fut *substitué* au casque uni ; on n'aurait *pu* croire que, pendant neuf siècles, les dames s'étaient peu *occupées* de leur parure en les voyant alors en faire leur unique délassement. *Quelles* que fussent et leur vie chevaleresque, et leurs courses par *monts* et par *vaux*, elles trouvaient, pour se parer, beaucoup plus d'heures qu'elles n'en auraient *dû* donner à des soins aussi futiles. Les bracelets, les colliers, les boucles d'oreilles apparurent sous Charles-Sept, avec les longues queues et les diamants. Il fallait exhausser les portes pour que les coiffures, alors en vogue, pussent passer; car chaque jour on les rehaussait. *Tout* absurde qu'était cette mode, elle ne cessa que sous Louis-Douze, ce grand réformateur du luxe, qui prêchait non-seulement de paroles, mais d'exemple, et disait : J'aime mieux voir les courtisans rire de mon avarice, que mon peuple pleurer de mes prodigalités.

75ᵉ Dictée.

Le mouvement est l'expression de la vie; la Providence en a *multiplié* les causes dans tous les objets qu'elle a *créés*. Un des grands charmes des paysages, c'est d'y voir du mouvement; voilà pourquoi la plupart des tableaux manquent d'expression. Les peintres se sont *trouvés* inhabiles à exprimer ce qu'ils ont sans doute *senti*, mais sans pouvoir le rendre; leurs forêts et leurs prairies sont immobiles, les eaux de leurs lacs sont *glacées*, leurs animaux manquent de vie. Cependant, quelques hommes à talent se sont *identifiés* avec ce mouvement qui vivifie tout; il sont *parvenus* à faire concevoir le *poids* d'un lourd chariot qui gravit la montagne, à exprimer la poussière des *cailloux* broyés, qui s'élève au-dessus des roues; on croit entendre, en contemplant leurs ouvrages, les échos et le chant des oiseaux, ou le souffle du zéphir; on voit galoper les chevaux et courir la gazelle et le *cerf*. Pourquoi tant de peintres ont-ils *négligé* l'emploi de ces moyens accessoires, il est vrai, mais tous pleins de vérité, et se sont-ils *contentés* de représenter les objets tels qu'ils les ont *vus*, j'en conviens, mais pâles, ternes, et *privés* de cette expression qui, seule, les rend charmants à contempler?

74ᵉ Dictée.

Quelque timidité qu'on éprouve, *quelles* que soient les émotions dont on ne peut se défendre au moment d'un examen, les bons principes qu'on a *reçus* reviennent promptement à l'esprit; les mots suivent les idées, et l'on s'aperçoit bientôt qu'il suffit de bien savoir, pour bien enseigner.

Vos sœurs que j'avais *vues* si craintives, ont *repris* beaucoup d'assurance; elles avaient *fait* dix *milles* en poste pour venir à Londres. Trois *mille* hommes de troupe s'étaient *rencontrés* sur leur passage.

Le *vingt-trois* avril *mil* huit *cent* quarante sera toujours présent à ma mémoire.

Un *catarrhe*, des *aphthes* violents, un *rhumatisme* aigu; il faut que nous *criions* bien fort, pour qu'on nous entende; *lie* bien ces paquets, afin que nous ne les *liions* pas une seconde fois; un *acacia*, un *puits*, des *serre-tête*, des *appui-main*, des *taies* d'oreil-

ler, un *levraut*, un *cerf*, un *lacs* (piége), des patères *dorées*, cet homme est resté *coi* devant les juges.

78ᵉ Dictée.

Quelles que soient les études que ces jeunes personnes aient *faites*, *quelque* avancées que leurs parents les aient toujours *supposées*, elles sont loin cependant de posséder le degré d'instruction qu'on *requiert* aujourd'hui dans les personnes *destinées* à parcourir la carrière de l'enseignement. Telle jeune fille qu'on a *vue toute* glorieuse de recevoir les premiers prix de sa classe, serait, je le pense, fort *embarrassée* si je lui faisais une simple dictée de mots *dits* d'usage. Les *si*, les *car*, les *mais*, les *pourquoi* ne l'étonneraient peut-être pas trop : mais si je lui demandais comment sont *faits* les *fonts* baptismaux de sa paroisse, si elle a un bon *fonds* d'instruction, si la cire *fond* quand on l'expose au soleil, si enfin elle est *décidée* à donner le *fond* de sa bourse au premier pauvre qu'elle rencontrera, je parie qu'elle n'écrira pas ces *quelques* mots sans incorrections.

Une jeune demoiselle, d'ailleurs fort contente d'elle, que m'avaient *présentée* des personnes qui s'y intéressaient, fut fort *étonnée* de se trouver *quelques* douzaines de fautes, dans peut-être deux ou trois *cents* mots que je lui avais *dictés*, et qui, du reste, ne devaient offrir aucune difficulté à quiconque les avait *étudiés*.

76ᵉ Dictée.

Nous nous sommes *rendues*, mes cousines et moi, sur les bords de la Seine, et nous nous sommes *fait* préparer une friture d'éperlans, de goujons et autres petits poissons que nous avons *vu* pêcher devant nous; on les a *mis* dans la poêle à frire, *tout* vivants, *tout* remuants, ils s'y sont *débattus* quelques instants, et ont tous *péri*; ils ont *frit* d'une manière superbe, nous nous en sommes vraiment bien *régalées*. Quelques cuillerées de crème, des fruits que nous avions *cueillis* sur l'arbre, de la galette que nous avions *vu* cuire, tels ont été les mets de notre frugal repas; nous nous y étions *fait* ajouter une gibelotte, telle que la savent faire les aubergistes des petits villages. *Quant aux ingrédients*, le beurre, les anchois, le *thon* mariné, les petits radis, je ne les compte pas, quoiqu'on en ait *fait* une assez grande consommation.

Pour compléter notre équipée, nous sommes *revenues* par eau, et nous avons *failli* être cent fois *noyées* par la maladresse de notre batelier, ou plutôt par sa mauvaise vue, le pauvre homme étant *myope*, et n'apercevant les objets que lorsqu'ils sont à sa portée; mieux aurait *valu* pour nous qu'il *fût presbyte*, il aurait au moins *aperçu* la fatale barque contre laquelle la nôtre a *heurté*, et qu'il a *cherché* vainement à éviter lorsqu'il n'était plus temps. Grâces à Dieu, nous sommes toutes *sorties saines* et sauves de ce malencontreux voyage, et nous nous sommes bien *juré* de ne plus nous exposer à de pareilles frayeurs, sans une absolue nécessité.

77ᵉ Dictée.

Quelle que soient les dispositions que nous avons *reçues* de la nature pour les arts et les sciences, nous serions dans une erreur capitale, si nous nous étions *laissé* séduire par l'idée que nous pourrions atteindre à la perfection, sans nous y être *préparés* par un travail opiniâtre. En effet, la plus légère réflexion sur les exemples que nous a *transmis* l'histoire de tous les siècles, prouve que les *chefs-d'œuvre* qui ont *traversé* les générations qui se sont *succédé*, ont été le produit, non d'un enthousiasme trop souvent *pris* pour de l'inspiration, mais celui d'un exercice persévérant ; la persévérance elle-même ne suffirait pas pour arriver au *but* que nous nous sommes *proposé ;* la fortune, *tout* aveugle qu'elle est, revendique sa part dans nos succès ; mais l'appui que nous lui avons *dû* serait *demeuré* sans efficacité, si une volonté inébranlable de notre part n'*eût rendu* effectives les faveurs que nous avions *dû* espérer de l'occasion et de la fortune, ces deux puissances *adorées* dans l'antiquité comme deux divinités, tantôt propices, tantôt contraires.

78ᵉ Dictée.

Dans les années qui suivirent le déluge, la terre n'était plus qu'une forêt sans limites, où les hommes apparaissaient de loin en loin *errant*, comme des proscrits, sur ce sol nouveau qui recouvrait les cités où avaient *vécu* leurs pères.

Les générations antédiluviennes avaient *emporté* les sciences et les arts, le pâle reflet des traditions s'était *effacé* par degrés, puis, *éteint* tout à fait dans une nuit profonde ; les liens de la société étaient *oubliés*, ceux de la famille, *dissous* ; et les rejetons de la race humaine, que Dieu avait *épargnés*, erraient faibles, rares, isolés, se *glissant* à travers les taillis comme des bêtes fauves, ou *rampant* sous de noirs ombrages qui répandaient au loin un crépuscule éternel. Ils devaient se défendre contre des reptiles immondes et des animaux féroces, sans autres armes qu'une pierre ou un bâton noueux ; car avec la révolution qu'avait *subie* le globe, s'étaient *perdues* ces inventions glorieuses qui donnent à l'homme tant de supériorité sur la brute. Mais Dieu n'avait pas *sauvé* quelques hommes de la ruine générale, pour les abandonner ensuite ; et *quelque* minimes que fussent en apparence leurs ressources, *quelques* difficultés qu'ils rencontrassent, Dieu *aidant*, ils aplanirent ces obstacles qu'on aurait *crus* insurmontables, et s'élancèrent *même* bien au delà du cercle des connaissances qu'avaient *acquises* leurs ancêtres.

79ᵉ Dictée.

Parmi tous les ouvrages que vous avez *lus*, et que vous avez *cru* devoir étudier, quels sont ceux qui vous ont *offert* autant de beautés que les Saintes-Ecritures? *Tout* intéressante qu'est la lecture de certains orateurs, *quelque* sublimité de pensées que vous ayez toujours *rencontrée* dans les orateurs sacrés, tels que les *Fénélon*, les Bos-

suet, les *Fléchier* et beaucoup d'autres que tout chrétien orthodoxe, quelque peu d'éducation qu'il ait *reçue*, doit avoir *lus* et *médités*, quelle distance est encore *restée* entre eux! Les cinq *mille* et *quelques cents* années qu'ont *traversées* les livres de Moïse, bien loin qu'elles aient *affaibli* le respect et l'admiration qu'ont toujours *inspirés* les paroles divines qu'il y a *tracées*, n'ont *servi* qu'à affermir sur des bases inébranlables les fondements de la religion chrétienne qu'ont en vain *méprisée* les sceptiques et les athées, et que nombre de philosophes se sont *plu* à décrier. *Quels* qu'aient été leurs efforts, la doctrine du Seigneur est toujours *sortie* victorieuse des attaques qu'elle a *soutenues*; et, debout au milieu des *pygmées* qu'elle a *vus* terrassés à ses pieds, elle a toujours *justifié* ces paroles qu'a *prononcées* Jésus-Christ: Le ciel et la terre passeront, mais mes paroles ne passeront point.

80ᵉ Dictée.

De *quelques* heureuses qualités que vous

soyez *douées*, mes chères filles, quelque *aplomb*, quelque savoir-vivre que vous possédiez, vous n'inspirerez une affectueuse sympathie à vos élèves, que si vous joignez à ces qualités, de la douceur; l'esprit éblouit, la beauté fascine, le prestige de la naissance et du rang subjugue, mais ce n'est qu'un bon caractère qui fait aimer.

En effet, mes *chères* enfants, n'aimerez-vous pas la personne dont le parler bienveillant vous aura *soutenues* et *relevées*, quand vous vous serez *laissé* abattre; qui vous aura toujours *averties* sans aigreur, *applaudies* sans arrière-pensée, et que vos redites continuelles n'auront pas *ennuyée*? Quand une douce parole fait tant de bien, quand vous-*mêmes*, vous vous êtes *senties* plusieurs fois *consolées* par une voix amie, je suis *étonnée* que vous vous soyez si souvent *laissées* aller à des susceptibilités *rancunières*, à des récriminations incessantes; n'est-ce pas assez vraiment du tribut naturel de misères qu'il faut que nous *payions* tôt ou tard! diminuons-le, mes chères amies, par une mutuelle *allégeance*; ayez quelque peu de bonhomie et de condescendance dans vos petites dissensions, et vous serez *aimées* autant que vous êtes *estimées*.

81ᵉ Dictée.

L'Art poétique de Boileau est à juste titre mis au rang des *chefs-d'œuvre* de notre littérature ; tous les vers de ce *poëme* (1) sont autant d'oracles qu'ont *tracés* l'esprit et la raison. Il n'y a rien de contraint, rien qui ne soit facile, net et d'un goût exquis. *Quels* que soient les efforts que de certains critiques ont *faits* par esprit de vengeance, pour rabaisser une perfection à laquelle ils s'étaient *proposé* d'atteindre, ils n'osent nier complétement le mérite de cette œuvre admirable ; ils se bornent à restreindre les éloges qu'ils sont *forcés* d'accorder, en accusant l'auteur de n'avoir été que le plagiaire des satiriques latins, Horace et Juvénal. Par quelque partialité qu'ils se soient *laissé* conduire, ils ne peu-

(1) Académie.

vent contester au Lutrin du même *poëte*, le génie qui a, comme on l'a dit, *bâti* cet ouvrage sur la pointe d'une aiguille ; c'est un château en l'air, a-t-on *ajouté*, qui ne se soutient que par l'art magique de l'architecte ; on y découvre le génie qui crée, le jugement qui dispose, la verve noble et féconde qui anime, enfin l'harmonie qui répand la grâce. Les scènes qui y sont *tracées*, *tout* étranges qu'elles paraissent, ne sont pourtant pas toutes d'imagination, et l'histoire du fameux pupitre n'est pas *tout* entière de l'invention de l'écrivain.

82ᵉ DICTÉE.

Une des plus intéressantes choses que possède Turin, c'est le musée égyptien, acheté trois *cent mille* francs. Monsieur Champollion, dont tous les savants ont *regretté* la perte, assurait que cette collection est une des plus *variées* et des plus complètes qu'il *eût vues* et même qui existent, et que c'était à l'aide de ces trésors, qu'il déchiffrait un grand nombre de ces caractères *hiéroglyphiques* qui, jusqu'alors, avaient *fait* pâlir les érudits de quelques nations, *quelle* que *fût* leur science. Des momies qu'on avait *négligé* de vendre, ou que peut-être même on n'avait point encore *découvertes*, abondent dans ce musée. On peut dire qu'il y en a de tous les âges; elles ont heureusement *traversé* les siècles qui se sont *succédé* depuis le jour qui les a *vues* passer de l'état de vie à l'état de fossiles, pour ainsi dire.

Les voyageurs, *tout* indifférents qu'ils sont souvent pour le reste du musée, remarquent avec curiosité la tête d'une de ces momies : elle est *posée* sur un coussinet, et recouverte d'une cloche de verre ; les oreilles, les cils sont intacts ; les lèvres *entr'ouvertes* laissent apercevoir les dents du plus bel émail ; les gencives y sont, et la peau adhère encore aux os de la face.

85ᵉ Dictée.

Nous avons *examiné* avec toute l'impartialité que nous a *donnée* la nature, les œuvres que l'on a *soumises* à notre jurisprudence; *quelle* qu'ait été l'opinion de nos adversaires et de nos devanciers, nous ne nous sommes point *laissé* influencer par eux, et nous avons *prononcé* en notre âme et conscience. *Toute* sévère qu'a *paru* notre opinion, on ne nous en a point *voulu* de l'avoir *émise*, quoiqu'elle *semblât* dure à certaines personnes, qui se seraient *trouvées* heureuses qu'on les *jugeât* différemment.

La fête publique qu'il y a *eu* dernièrement avait *attiré* beaucoup de monde; nous nous étions d'abord *refusées*, ma mère et moi, à faire partie d'un pareil *brouhaha;* mais on nous en a tant *priées*, tant de gens allaient à cette fête, nous l'avions tant *entendu* vanter, que nous nous y sommes *rendues*. Mais quelle cohue, bon Dieu! foule dans les loges, dans l'escalier, sur les paliers *même!* et pourtant nous nous sommes tous *accordés* à trouver l'ensemble mauvais; les chœurs ont fait *faux-bond*, l'orchestre s'est *négligé*, deux *basses-tailles* ont *manqué*, et jusqu'au violoncelle qui a *rendu* des sons *aigres-doux* (1), le *plain-chant* n'a pas *dédommagé* du reste.

84ᵉ Dictée.

Il est un fait bien prouvé, c'est qu'il existe aujourd'hui autant de maîtresses pour donner des leçons, que d'élèves pour en recevoir ; et ceci doit étonner quiconque a *réfléchi* à quel point le jugement, le calme, le tact, la méthode, l'instruction sont nécessaires pour enseigner, et combien, d'un autre côté, ces qualités réunies sont rares. Comment se rencontre-t-il tant de femmes supérieures ? Est-ce l'époque qui les fait surgir ? Notre siècle, si avare de génie pour les hommes, l'a-t-il *départi* libéralement aux femmes ? Sans aucun doute, et nous le disons à haute voix, grand nombre de jeunes personnes sont *remplies* de mérite, de talents et de vertus ; grand nombre consacrent à l'étude des heures que d'autres *emploient* à se parer ; mais il faut bien l'avouer, il est trop, beaucoup trop d'institutrices indignes

(1) Académie.

de ce titre, ne sachant que juste une leçon de plus que la dernière, *donnée* la veille à leurs élèves; elles apprennent au jour le jour, et repassent avant de partir le matin, ce qu'elles ont à dire dans la journée; et pourtant ces femmes coupables et négligentes s'étonnent de ne point trouver de places, de rester sans leçons; elles s'en prennent à leurs amies qui, à leur dire, les oublient. Vraiment, c'est justice; si je pouvais faire entendre ma voix en tous lieux, je crierais: Pas de faveur! Pas d'indulgence! Quand il est *reconnu* qu'une femme est sans instruction, ne la recommandez pas; envoyez-la apprendre, c'est lui rendre service; c'est rendre service aux parents qui se fient à vous pour le choix d'une institutrice, c'est sauver l'avenir des enfants!

85° Dictée.

Mesdemoiselles, je suis *fâchée* de n'avoir point *trouvé* en vous les connaissances grammaticales que vous vous étiez *flattées* vous-mêmes de posséder à un si haut degré. Vous avez *dû* reconnaître avec chagrin combien ces prétentions étaient mal *fondées*, combien vous vous étiez *abusées* dans vos pensées présomptueuses. Mais cette erreur dont vous vous êtes *aperçues*, ne vous a sans doute pas *découragées*; au contraire, elle vous aura sûrement *excitées* à redoubler d'efforts pour vous rendre plus familières les règles de la grammaire, que vous avez *reconnu* ne savoir qu'imparfaitement. *Quelque* difficiles que soient ces règles, *quelques* peines que vous ayez *éprouvées* pour en faire une juste application, vous ne devez pas désespérer de voir enfin vos travaux *couronnés* du succès le plus complet. *Quels* que soient les dégoûts que vous auront *fait* endurer ces règles sèches et ennuyeuses, vous vous applaudirez un jour de ne vous être *laissé* rebuter ni par l'aridité des préceptes, ni par le peu de succès que vous aurez *obtenu* dans les commencements. Vous savez combien de peines ces règles ont *coûtées* aux demoiselles qui vous ont *précédées* dans la même carrière; combien de fois ne les avez-vous pas *vues tout* affligées, *toutes* découragées de leurs efforts qu'elles avaient jusqu'alors *regardés* comme infructueux ? mais aussi combien d'éloges, combien d'applaudissements leur a *valus* leur persévérance dans le travail ! Soyez *sûres* que vous obtiendrez les mêmes succès que ceux que vous avez *vu* qu'elles ont *obtenus*, si vous suivez leurs traces avec la même ardeur. Vous avez déjà *vaincu* plus de difficultés qu'elles n'en avaient *surmonté* à votre âge.

86° Dictée.

Parmi les *intrigants*, tant ceux que nous avons *vus* réussir, que ceux que nous avons *vu* repousser, il en est peu qui ne se soient *rendu* justice au *fond* de leur conscience.

Quelle que fût leur présomption, ils n'ignoraient pas qu'en *intriguant* partout, ils ne trouveraient pas partout des dupes. Cependant, le peu de confiance que nous avons *montré* ne les a pas *découragés*, et le peu d'assistance que quelques personnes leur ont *accordée*, n'a que trop *assuré* les succès qu'ils s'étaient *proposé* d'obtenir. *Tout* humble, *toute* modeste qu'était d'abord leur conduite, *quelle* que *fût* la modération de leurs prétentions, ils se sont bientôt *dévoilés*, et nous rougissons de nous être *laissé* tromper par l'hypocrisie. L'immortel auteur du Tartufe en a en *fourni* la preuve il y a *quelque* cent *quatre-vingts* ans. Les années qui se sont *succédé* n'ont pas manqué d'exemples semblables, et les moyens de réussite que se sont *ménagés* les ambitieux, les ont *servis* plus qu'ils ne se l'étaient *imaginé*. Si plus d'une fois l'on a *signalé* les honteux *manéges* qu'ils n'ont pas *craint* d'employer, ils se sont *ri* des inculpations, et se sont *dit* que le succès justifie toutes les entreprises, *quoi* qu'on en pense, et *quelque* coupables qu'elles soient.

87ᵉ Dictée.

Nos vendanges ont été moins mauvaises qu'on ne l'aurait *cru*, nous nous étions *laissés* trop vite aller au désespoir. Quelque pluvieuse qu'ait été la saison, et *quelle* qu'ait été la température de ces mois d'été, le raisin était à peu près *mûr*, et la grappe assez bien fournie ; mais si nos coteaux ont *échappé* aux désastres, les plaines ont été moins heureuses ; des torrents de pluie ont *creusé* des ravins qui, *quoi* qu'on ait *pu* faire, ont *rendu* nos routes impraticables ; ils ont *renversé* les clôtures, *entraîné* les semences qu'on avait *commencé* de faire ; *couvert* de sable et de limon les terrains plats, au point que des limites, *tracées* depuis des siècles, ont *disparu*. Les propriétaires ne reconnaissent plus leurs héritages, et le peu de cantons que le fléau a *épargnés*, forment des îles semblables aux *fortunées* oasis des déserts de l'Afrique. Déjà les habitants se sont *disputé* ces portions *échappées* au déluge, et les plus processifs *assiégent* les bureaux du fisc, pour faire constater leurs droits par les paiements qu'ils ont *acquittés* dans leur part d'impôts, dont *l'assiette* avait été *remplie* par le cadastre.

88ᵉ Dictée.

Les extraits que nous avons *faits* des récits que nous avons *entendus* sur la retraite des dix mille, sont *tirés* de Xénophon, un des meilleurs historiens et des plus habiles généraux qu'ait *eus* l'ancienne Grèce. Son style, à la fois véhément et doux, nous a *tracé* avec autant d'élégance que de détail les moindres circonstances d'un des plus merveilleux événements dont on nous ait *parlé*.

Les *Xénophons* ne sont pas rares à notre époque; plusieurs généraux, acteurs dans les sanglantes guerres que nous avons *soutenues* depuis l'année *mil* sept *cent quatre-vingt*-neuf, nous ont *laissé* des mémoires fort curieux, *quelle* que *fût* la difficulté que *présentât* un semblable ouvrage.

Un chien mené en *laisse*, un frère *lai*, on a *attrappé* une *laie* dans la forêt de Saint-Germain-en-*Laye*, le *lai* ou complainte était une poésie fort *estimée* au moyen âge, un *puits*, un *legs*, un *remords*, un *mets* délicieux, *certes*, volontiers, des boucles d'oreilles en *jais*, le *fond* de la cave, un *fonds* de terre, les *fonts* baptismaux, *et cœtera*.

89ᵉ Dictée.

Encore quelques jours, et le soleil atteignant le solstice, va remonter vers le pôle arctique, et chasser peu à peu l'obscurité où notre ville est *plongée*. Chaque jour, la lumière empiètera sur les ténèbres, jusqu'au moment où, revenu au point le plus élevé de l'écliptique, l'astre bienfaisant dispensera les plus longs jours à notre hémisphère. Mais pourquoi les jours les plus courts ne sont-ils pas les plus froids ? et quand les nuits vont déjà décroître aux rayons du soleil de janvier, pourquoi la superficie glacée de la terre continuera-t-elle à se refroidir ? C'est que, d'après cette loi du calorique, que les physiciens ont *appelée* loi d'équilibre de la température, la chaleur du globe varie et oscille incessamment, par l'effet contraire du rayonnement du soleil vers la terre, et du rayonnement de la terre vers l'atmosphère. Quelque chemin que le soleil ait déjà *fait* vers notre hémisphère, *quelque* élévation qu'il *acquière* chaque jour au-dessus de notre horizon, la température de la terre continue à s'abaisser, tant qu'il ne lui *envoie* pas plus de chaleur qu'elle n'en émet elle-même vers les régions glacées de l'atmosphère. La température reste stationnaire tant que la terre dépense autant qu'elle reçoit ; et lorsqu'enfin le soleil commence à fournir à la terre au delà de ce qu'elle dissipe par *voie* de rayonnement, alors c'est l'époque où la chaleur s'accroît, en même temps que les jours continuent à s'allonger.

Des circonstances que nous n'avions pas *prévues* nous ont *empêchés* de réussir.

La note que vous m'avez *recommandé* de rédiger est *toute* prête.

90e Dictée.

La morale, dans l'acception la plus étendue que lui aient *donnée* les philosophes, se trouve dans tous les genres d'écrire. Les poëtes lyriques, dramatiques, comiques, tragiques, satiriques, aussi bien que les orateurs et les historiens, abondent en peintures et en principes de mœurs ; les romanciers *mêmes*, *quoi* qu'en disent de bilieux Aristarques, ne sont pas tous de dangereux modèles. Les *chefs-d'œuvre* que nous ont *laissés* les Grecs et les Latins, nous offrent des tableaux admirables que n'ont point *décrédités* les attaques haineuses de certains critiques, *tout* ingénieuses que soient leurs remarques, et *quelle* que soit la célébrité dont eux-*mêmes* jouissent.

Sans remonter si haut, il est des écrivains qu'ont *vus* briller les deux siècles qui ont *précédé* le nôtre, et qui ne le cèdent en rien à nos anciens moralistes. Nicole, dans ses Essais, le misanthrope Larochefoucault, dans ses Maximes, nous ouvrent une source abondante de préceptes qui, pour être *arrivés* les derniers, n'en sont pas moins précieux. Sous ce rapport, nous n'avons pas nous-*mêmes* à regretter d'avoir été plus mal *servis* que nos aïeux ; mais les jugements sur les contemporains sont trop susceptibles de controverse, pour que nous osions citer des noms propres, quand même ce ne *seraient* que des surnoms, au lieu des noms patronymiques.

91ᵉ Dictée.

Il existe au centre de l'Asie une *tribu habitant* un territoire sans limites fixes; on ne sait pas où commencent ni où finissent ses domaines, ni combien de lieues carrées couvre la terre qu'elle a *choisie* pour y planter ses tentes.

Les Kirghiz, tel est le nom de ces barbares que vous n'avez jamais peut-être *entendu* citer, mesdames, sont encore dans l'enfance de la civilisation. La contrée qu'ils se sont *appropriée* est *déshéritée* par la nature; point de rosée, point de fleurs; cinquante degrés d'une chaleur étouffante. La pluie n'a jamais *rafraîchi* quelques parties de ce sol ingrat; d'autres, sans cesse inondées, se sont à la longue *couvertes* de lacs salés, de bancs de sable, de longues herbes que la mer y a *jetées*, et qui s'y sont *naturalisées. Quel* que soit l'aspect de ce pays, il a *eu* autrefois des villes, une civilisation. On y voit des débris d'architecture mahométane, des ponts détruits, des tombeaux tartares. Maintenant les peuples qui l'habitent n'ont plus de réel que leur vagabondage; leur gouvernement est illusoire. Le Kirghiz ne craint rien; il opprime le faible, trompe le fort, pille le voyageur et se tapit derrière un rocher pour guetter sa proie; car cette race sans pitié est aussi avide que cruelle. Elle ne tue pas les prisonniers qu'elle a *faits*, elles les vend; non par humanité, mais pour entasser dans ses affreux repaires la rançon qu'elle en a *tirée*.

92ᵉ Dictée.

En écrivant les lettres si spirituelles que nous avons tous *lues*, madame de Sévigné était loin d'imaginer que de simples causeries avec sa fille, *quel* qu'en *pût* être l'intérêt historique, deviendraient un titre à l'immortalité. Ces saillies que nous avons *vues* s'échapper de sa plume, devaient être fugitives comme la pensée d'où elles émanaient ; mais, *quelque* embarrassantes qu'aient *dû* être la recherche et la réunion de ces trésors épars, l'amitié et l'amour-propre en sont *venus* à bout. Le recueil de sa correspondance devient un modèle parfait du style épistolaire à l'usage des femmes. L'auteur s'est *placé* dans son genre au même rang que la Fontaine dans le sien ; mais quelque supériorité qu'elle ait *eue*, elle l'a *due* à l'ignorance où elle était de sa célébrité future ; si elle *eût su* écrire en présence de la postérité, sa diction *eût* été *dépouillée* de cette spontanéité et de ce laisser aller qui en font les principaux charmes. Néanmoins, à son insu, sa réputation littéraire s'est *établie* dès son vivant.

Ces hommes se sont *aidé* à descendre, et ils se sont toujours ainsi *aidés* dans leurs besoins.

Les grands pins *gémissant* sous les coups des haches, roulent du haut des montagnes.

Il y a des peuples qui vivent *errants* dans les déserts.

Ces dames se sont *répondu* très-vivement.

95ᵉ Dictée.

Il n'existe pas une fête, soit religieuse, soit nationale, qui se *chôme* mieux en France que le jour de l'an. *Quelle* que soit la gêne qu'on ait *éprouvée* toute l'année, *quelque* restreints que soient les moyens pécuniaires, on veut toujours donner quelques petites étrennes. On s'en *convainc* aisément quand on visite ces jours-ci les magasins où sont *amoncelés* pêle-mêle, et presque *sens dessus dessous*, tous les objets que les marchands ont *crus* propres à flatter les yeux des chalands. Nous nous sommes *rendus* dernièrement dans quelques-uns de ces magasins que nous avions *entendu* vanter, et nous nous sommes *laissés* aller à l'admiration en voyant ces milliers de jouets d'enfants, si bien confectionnés : des polichinelles, des poupées, des pantins, de petits daguerréotypes fort ingénieux, puis ces jolis riens qui font les délices de certains grands enfants, et qui prouvent les progrès qu'ont *faits* en France la nouveauté, la quincaillerie, la joaillerie. Vainement *serre*-t-on les cordons de sa bourse en entrant dans ces maisons en vogue, ils se délient d'eux-*mêmes*; et l'on ne sort pas de là sans avoir *fait* plus de dépenses que n'auraient *dû* le permettre la prudence et l'économie.

94ᵉ Dictée.

Les Grecs regardaient l'éducation de la jeunesse comme une des choses qui contribuent le plus efficacement au bonheur des peuples. Quelque amie de la liberté que *fût* Lacédémone, elle était trop *persuadée* que les enfants appartenaient à l'état, pour qu'elle *laissât* les parents maîtres de les élever à leur gré ; la république s'en emparait dès leur naissance, et elle voulait qu'ils fussent *formés* sur une règle commune, qui leur *inspirât* l'amour de la vertu et de la patrie. On les confiait à des maîtres qui rivalisaient de zèle pour arriver aux résultats qu'ils s'étaient *proposé* d'obtenir. Mais *tout* austère, *toute* rigide qu'était la discipline *établie* par les Grecs, elle ne négligeait pas tellement l'étude des beaux-arts, qu'elle les *eût bannis* entièrement. Les législateurs ne s'étaient pas *laissés* aller à l'esprit d'exclusion, au point de croire qu'en fortifiant le corps par des exercices violents, on ne *dût* pas en même temps cultiver l'esprit par l'étude de la grammaire, de la poésie et de la musique; mais ils proscrivaient ce qui leur paraissait superflu, et ce qui *eût* pu porter à la mollesse et à l'oisiveté. *Quant* au reproche d'avoir *permis* le vol aux enfants, c'est une erreur *accréditée*; si on leur permettait de légers larcins de fruits, de friandises, ce n'était que sous peine d'être sévèrement *châtiés*, s'ils s'étaient *laissé* prendre en flagrant délit.

95e Dictée.

Quelques personnes se sont *imaginé* que pour atteindre à la perfection dans les beaux-arts et dans les sciences, la théorie peut se passer de la pratique; mais elles se sont *fait* illusion ; il est impossible que l'on *acquière* une connaissance parfaite de quelque chose que ce soit, sans que l'expérience vienne à l'appui de l'étude. Combien de gens se sont à cet égard *laissé* aveugler par des préjugés qu'ils avaient *vus* régner sans contradiction ! aussi, *quelle* que *fût* leur constante application au travail, ils n'arrivèrent point au but qu'ils s'étaient *proposé*. Quelque brillantes que fussent les qualités qu'avait *départies* la nature aux grands personnages historiques, c'est l'usage seul qu'ils en ont *fait* qui les a *rendus* dignes des éloges, ou leur a *mérité* le blâme des honnêtes gens.

Les historiens grecs et latins sont *remplis* de harangues que nous sommes *convenus* d'attribuer aux personnes qu'ils ont *mises* en scène ; mais il est peu probable que ces harangues aient été réellement *prononcées* ; il est vraisemblable que ces écrivains les ont *composées* plutôt que *rapportées*. Comment croire en effet qu'ils les eussent *trouvées* telles qu'ils les ont *relatées*, quand la tradition seule a *dû* les leur transmettre, et quand on songe que l'art oratoire n'était pas le talent spécial des héros qu'ils ont *fait* parler ?

96ᵉ DICTÉE.

La Musique.

Art délicieux que tous les peuples se sont *plu* à cultiver dans toutes les phases de leur civilisation, art chéri de l'artisan qui travaille en cadence, de la ménagère dont l'enfant s'endort au son d'une chansonnette, de l'homme d'armes qui *guerroie* au bruit des fanfares ! Que de fois *abattue*, *découragée* après m'être *laissé* abuser par un faux espoir, je me suis *sentie* remise aux accents d'une mélodie sympathique ! Et ceci me rappelle une des plus belles scènes d'un tragique allemand, Goëthe :

Le docteur Faust veut mourir ; philosophie, sciences, littérature, il a tout *essayé* dans sa fiévreuse curiosité. Las des études qu'il a *eu* (1) à faire, humilié des échecs que son orgueil a *supportés*, il veut aller

(1) Grammaire des Grammaires.

chercher dans un autre monde le secret de la vie. Déjà le poison mouille ses lèvres, quand, par hasard, une troupe d'étudiants *passant* sous ses fenêtres, entonnent un de ces chants nationaux qui ne s'entendent qu'en Allemagne. Faust s'étonne, écoute ; son âme, *endurcie* par la souffrance, s'attendrit et se fond ; ses yeux, *séchés* par les veilles, trouvent des larmes, et son projet de mourir est *abandonné*.

97ᵉ Dictée.

Que de merveilles a *vues* éclore notre siècle ! là, les hommes *transportés* par la vapeur jusqu'aux confins du monde, les signaux *voyageant* comme l'éclair le long d'un fil de métal ; ici, les nuances les plus subtiles de la lumière et des contours, *exprimées* par le daguerréotype avec un rayon du soleil. Aujourd'hui, c'est un nouveau système de locomotion qui va révolutionner nos *voies* de transport. Si les ingénieurs *relégués* en Irlande par le gouvernement ne se sont point *laissé* abuser par un faux espoir, on ne verra plus, cause perpétuelle d'anxiétés ou de catastrophes, la locomotrice voler avec la fournaise en avant du convoi. Un tuyau cylindrique, à parois épaisses, s'étend tout le long de la route dont il suit les pentes et les sinuosités ; la machine à vapeur, *établie* fixement à l'une de ses extrémités, n'est plus *employée* qu'à faire le vide dans le tuyau, et le convoi est *amené* par la tige d'un piston, que la pression atmosphérique pousse à frottements doux dans l'intérieur du cylindre.

Le temps manque pour vous expliquer comment une rainure *pratiquée* dans toute la longueur du cylindre, se ferme pour y conserver le vide, et s'ouvre à temps pour donner passage à la tige du piston ; comment aussi la pression atmosphérique qui pousse le convoi, peut être *employée* à le ralentir ou à l'arrêter. Mais au dire des ingénieurs, ce nouveau système *résout* ces différents problèmes d'une manière aussi simple qu'inattendue.

98ᵉ Dictée.

L'histoire, *quelle* que soit l'idée que l'on s'en soit *faite*, ne doit être que l'expression des faits les plus mémorables et des actions les plus célèbres ; c'est la lumière des temps, dit Cicéron, c'est le flambeau de la vérité, la règle de la conduite et des mœurs.

Tel doit être le but des auteurs consciencieux ; c'est là que les grands écrivains se sont, pour ainsi dire, *donné* rendez-vous depuis que la civilisation a *policé* les nations ; auparavant, c'étaient les *poëtes* qui écrivaient l'histoire ; mais *quoi* que l'on puisse alléguer en leur faveur, on ne saurait leur accorder une croyance complète. Ils se sont *attachés* plutôt à embellir, par les fictions de la poésie, des fables qu'ils avaient *entendu* raconter, qu'à chercher la vérité. De beaux vers ont *suffi* pour faire passer de siècle en siècle, ces traditions divertissantes, *tout* incroyables, *tout* extravagantes qu'elles étaient. C'est ainsi qu'Homère nous a *transmis* les exploits fabuleux des anciens héros de la Grèce ; mais il a *fallu* un Thucydide, un Xénophon, un Hérodote pour écrire l'histoire. Malheureusement, les *Thucydides* et les *Xénophons* sont rares.

La fable et le romanesque régnèrent de longues années avant que Polybe et Plutarque chez les Grecs, Salluste et Ennius chez les Romains, rendissent à l'histoire la prééminence et le noble caractère qui lui sont *dus*.

En Italie comme en Grèce, les premiers historiens que l'on ait *vus* briller étaient *poëtes*. Ce ne fut que six *cents* ans après la fondation de Rome, qu'Ennius écrivit les premières annales en vers latins, et ce ne fut que vers la fin de la république, que parurent les seuls auteurs qui soient dignes d'être *qualifiés* du titre d'historiens.

99ᵉ DICTÉE.

Les Romains, *quelle* que *fût* leur position sociale, étaient *astreints* à n'épouser que des filles de citoyens ; les alliances avec des étrangères étaient *prohibées* par la loi.

Ils célébraient les mariages avec un grand nombre de cérémonies mystérieuses, *persuadés* que le bonheur des époux dépendait de l'exacte observance des pratiques superstitieuses qu'avait *établies* l'usage antique et solennel.

Le jour des fiançailles *arrivé*, dès le matin on prenait les auspices, et l'on faisait des sacrifices au Ciel et à la Terre, divinités *considérées* comme les premiers époux *unis* par un lien indissoluble. On promenait sur la tête des fiancés un joug de charrue, pour indiquer que le mariage est un joug, et c'est de là que sont *venues* nos expressions de lien conjugal. La mariée portait un chapeau de fleurs de verveine, qu'elle avait *cueillies* elle-même. Elle était *conduite* à pied, et quelquefois sur un chariot *précédé* de jeunes gens portant des flambeaux *appelés* flambeaux de l'hymen, et chantant des hymmes *terminés* par des invocations sacramentales et des paroles sacramentelles. Derrière elle, on portait une quenouille et un fuseau pour indiquer qu'elle devait s'occuper à filer. A la porte du mari, on attachait de la laine *frottée* de graisse de porc, de loup ou de quelque autre animal de cette engeance, pour éloigner les *sortiléges*. Des femmes soulevaient ensuite la mariée dans leurs bras, et la faisaient passer sur le seuil sans le toucher; elle s'asseyait alors sur la peau d'une brebis, pour se souvenir qu'elle devait pourvoir aux habillements de son mari et de ses enfants. Après le repas, d'autres femmes avaient la charge de la conduire à la chambre du mari, et celui-ci, avant de fermer la porte, jetait des noix aux assistants qui, à ce dernier moment, entonnaient le chant *appelé* Epithalame.

100ᵉ Dictée.

On peut tout ce qu'on veut, dit un proverbe, phrase décevante, et incessamment *démentie* par l'expérience; mais il fallait une hyperbole pour exprimer les ressources inépuisables de ces volontés patientes et tenaces, qui ne se sont jamais *proposé* la fin sans les moyens. Malheureusement, la persévérance qui mène au but est aussi rare que l'esprit présomptueux est commun. Telle personne qui s'est *plu* à converser avec les hommes *instruits*, qui s'est *sentie* touchée des égards qu'elle a *vu* rendre à leur mérite, *essaie* un jour de s'initier au savoir; mais dans un noviciat rebutant, elle oublie que la lumière fut après les ténèbres, et perd le courage aux premières obscurités de la science. Telle autre, qui s'est *laissé* séduire par le prestige de la gloire militaire, veut siéger dans l'histoire à côté des grands capitaines; mais a-t-elle *mis* en ligne de compte l'ennui des jours d'inaction, la fatigue des études stratégiques, les marches *forcées* sous un ciel brûlant, les bivouacs nocturnes sur un sol pluvieux? apporte-t-elle au rude métier de la guerre un corps de fer, et un sang-froid à l'épreuve de tout péril et de tout malheur?

101ᵉ Dictée.

Épitre de Saint Paul aux Corinthiens.

Mes frères, ne savez-vous pas que ceux qui se présentent dans l'arène, courent tous, mais que, quoique chacun *coure* de son mieux, un seul emporte le prix? Courez donc de telle sorte que ce soit vous qui soyez vainqueurs. Or, tout athlète qui doit paraître dans la lice, s'abstient des choses qui pourraient lui nuire; et cependant, il n'agit ainsi que pour recevoir une couronne corruptible, tandis que nous en attendons une incorruptible; c'est pourquoi je cours, non au hasard; je combats, non comme un homme qui frappe l'air; mais je châtie mon corps et le réduis en servitude, de peur qu'après avoir *prêché* aux autres, je ne me *voie* réprouvé moi-même; car je veux que vous sachiez, mes bien-aimés, que nos pères ont tous été *baptisés* sous la nuée, qu'ils ont tous *passé* la mer Rouge; que la même viande mystique les a *nourris*, qu'ils se sont *abreuvés* du même breuvage spirituel, et que cependant, peu d'entre eux furent agréables à Dieu, parce qu'ils s'étaient *laissés* aller à l'idolâtrie et aux murmures. O homme! songe que l'esprit est prompt, que la *chair* est faible, et que tes œuvres, *quelles* qu'elles soient, seront *comptées* pour rien, et crieront même anathème contre toi, si ton esprit n'est fidèle !

102ᵉ Dictée.

Pour peu, ma chère fille, que vous vous soyez *laissée* aller aux distractions que j'ai *vues* ces jours derniers accourir en foule au-devant de vous, vous vous serez *convaincue* qu'il nous est rarement *donné* de goûter quelques joies insolites, sans qu'une impression de peine plus ou moins *aiguë*, vienne bientôt rappeler notre âme à son diapason habituel. Je ne parle pas même de ces joies avides, de ces gaietés étourdissantes, toujours chèrement *payées* par un lendemain morose et alourdi ; mais s'agit-il seulement d'un de ces *extra* élégants qu'autorisent l'usage et le bon goût, que de fois alors vous serez-vous *sentie* frappée d'un ennui subit ! que de fois cette gaieté *préparée* de longue main se sera-t-elle *résolue* en un vague sentiment de tristesse ! Il n'y a pas jusqu'à l'ivresse d'une félicité profonde, jusqu'aux élans d'une satisfaction inespérée qui ne puissent être tout à coup *suspendus, assombris* par un chagrin sans cause, comme si le cœur souffrait à porter trop de joie : tant il est vrai que la durée n'échoit qu'au bonheur médiocre, et qu'une vie simple et religieuse, une allure paisible, des sympathies raisonnables peuvent seules amortir les inquiétudes de l'âme, et lui donner toute la dose des joies qui lui ont été *dévolues* sur la terre.

103ᵉ Dictée.

Toutes les peines que vous vous êtes *données*, madame, dans l'établissement que vous venez d'acquérir, les condescendances que vous avez *eues* pour ceux qui se sont *plaints* justement, les répressions que vous avez *exercées* sur ceux que vous avez *vus près* d'abuser de l'inexpérience qu'ils vous avaient *supposée*, n'ont *abouti* à un heureux résultat, que parce que vous étiez *exercée* à l'obéissance avant de commander. Le peu de bienveillance que vous avez *trouvé* chez quelques-uns de vos employés ne vous a nullement *découragée*, parce que vous vous êtes *rappelé* que, maintes fois, les égards de celle à qui vous vous *voyiez* contrainte d'obeir, vous avaient *fait* revenir d'une prévention défavorable ; vous ne vous êtes pas *lassée* de répéter les ordres que vous avez *vu* souvent négliger, car vous vous êtes *souvenue* de la peine que vous aviez *eue* à triompher de votre distraction naturelle ; les picoteries irritantes, les tracasseries rancunières, vous vous en êtes *abstenue*, grâce aux pleurs que vous avez *versés* sous un commandement peu bienveillant ; enfin, madame, vous recueillez aujourd'hui le fruit des dures contraintes que vous vous étiez *imposées*, et vous savez commander parce que vous avez *su* obéir.

104ᵉ Dictée.

L'habitude nous rend indifférents aux choses que nous admirerions si elles nous étaient moins familières, ou si nous les *voyions* dans des contrées lointaines. Ainsi les voyageurs parisiens s'extasient sur des points de vue qu'ils ont été chercher à *grand*'peine loin de la cité qui les a *vus* naître, et ils *côtoient* avec insouciance les bords si gracieux et si pittoresques de la Seine. Le peu de justice qu'ils ont *rendu* à notre beau fleuve, ne vient que des nombreuses visites qu'ils y ont *faites* dans leurs courses journalières; car je ne crains pas de le dire, moi qui ai *contemplé* tant de délicieux paysages, qui ai *vu* tant d'horizons divers, la Seine, *prise* du pont des Arts, offre un des plus charmants coups d'œil qui aient jamais *frappé* l'imagination. Ici, la façade de l'Hôtel des Monnaies et les anguleuses tourelles du palais de Justice, ancienne résidence des rois fainéants qui y ont *vécu*, et qui y sont *morts* sans qu'on les ait *aimés* ni *regrettés*. Plus loin, s'élancent les tours de notre antique basilique, *commencée*, croit-on, en *mil cent* soixante-trois; puis c'est le pont où l'on salue la statue équestre du meilleur des rois. Tous ces monuments sont graves, mais en faisant volte-face l'œil se récrée, et l'imagination s'égaie par la vue des Tuileries *toutes* gaies, *tout* animées par le beau monde qui les visite à *toute* heure du jour.

105ᵉ Dictée.

Ces personnes étaient depuis longtemps en assez mauvais rapport ; quelques tentatives que l'on *eût faites* pour les réconcilier, elles semblaient s'être *donné* des gages d'antipathie pour l'éternité ; cependant, il y a *eu* une sorte d'armistice, elles se sont *parlé*, elles se sont *expliquées*, et se sont *entendues*.

Ces peuples sauvages, *ignorants* et ne *connaissant* aucun des devoirs de l'humanité, se sont toujours *plu* à tourmenter les malheureux que le sort avait *laissés* tomber entre leurs mains.

Des torrents *effrayants, couvrant* la cime des monts, ont tout *ravagé* en dépit des digues qu'on avait *essayé* d'opposer à leur fureur.

Ceux qui se sont *donné* carrière à nos dépens, et qui s'étaient *donnés* pour des plaisants fort habiles, n'ont *réussi* qu'à faire pitié.

Les scènes que nous avons *vu* représenter, *tout* ignobles qu'elles étaient, n'ont pas *laissé* que de trouver des admirateurs.

Toute sérieuse, *tout* intéressante qu'était la question, on l'a *laissée* passer sans examen.

Le salon était trop petit pour une telle affluence, nous y étions *serrés* comme dans un *étau*.

Ce vieillard est loin encore de plier sous le *faix* des ans.

Ces climats ne sont pas *sains*, ils sont sujets à des frimas aussi fréquents que pernicieux.

106ᵉ Dictée.

Il y avait en France au moyen âge, une foule d'usages que nous avons *perdus*, des emplois qui ont *cessé* d'exister ; des corvées, des *revenants-bons* dont rien maintenant ne donne l'idée, et qui se sont *éteints* quand sont *arrivées* d'autres mœurs. Ainsi les vastes marais dont le sol était couvert, nourrissaient des milliers de grenouilles dont le coassement importunait les seigneurs ; des hommes étaient *préposés* pour les refouler au fond des étangs qu'ils frappaient avec une baguette, en chantant à *demi*-voix.

C'étaient les *serfs* de l'abbaye ou du castel, qui consumaient ainsi les journées qu'ils auraient certes mieux *employées* à *toute* autre occupation, *quelle* qu'elle *eût* été.

Afin que les *arrière*-vassaux et les tributaires ne perdissent pas de vue leur origine, ils payaient leurs redevances en nature : celui-ci donnait une paire de chausses ; celui-là, un setier de froment ; un troisième, un âne ou un poulain. Telles étaient les charges. Venaient ensuite les bénéfices : les chapelains avaient droit aux habits de pénitence qu'avait *portés* le seigneur pendant le carême : l'écuyer prenait les selles tant soit peu *usées* ; l'échanson gardait la cire des rayons de miel qui avaient *servi* à la composition des vins ; enfin le majordome allumait des bougies, et pouvait emporter de chacune d'elles ce qu'il en arrachait avec les dents.

107ᵉ Dictée.

La sainte quarantaine dans laquelle nous sommes, n'a plus l'austère solennité que lui avait *donnée* la piété des premiers fidèles. *Quels* que fussent le rang et la fortune, chacun changeait de vie quand arrivait le carême; plus de fêtes, plus de réjouissances; les macérations, la prière, la retraite, telle était alors la vie des chrétiens; ils ne se seraient *excusés* ni par l'âge, ni par les circonstances, pour échapper aux rigueurs du jeûne; tous se soumettaient à la loi. Et même sans remonter à ces siècles primitifs, où la chrétienté se préparait au *martyre* par la pénitence, qui ne sait que nos ancêtres se seraient *fait* un crime d'apporter quelque *allégeance* aux austérités *commandées* par l'Église?

Le mot carnaval veut dire adieu à la *chair*, car nulle dispense n'était *demandée* pour enfreindre l'abstinence *prescrite*. Quelques hommes impies, car il s'en est toujours *rencontré*, se dérobaient seuls à l'usage général; mais ils se seraient bien *gardés* de parler de leur opinion erronée, ils n'auraient guère *trouvé* d'approbateurs.

Anne de Bretagne apporta les premiers adoucissements aux rigueurs du carême, en

France ; elle obtint du pape qu'on se *servît* de beurre pour l'assaisonnement des mets maigres, et que, vers le soir, on *mangeât* quelques fruits, un peu de pain, enfin qu'on *collationnât*. A dater de ce jour, les infractions aux lois du carême se sont *succédé*, et sont *arrivées* à ce point, de ne plus faire du carême qu'un temps de prières et non de privations.

108ᵉ Dictée.

Enfin j'ai *vu* Paris ! ces gais *boulevards*, ces somptueux bazars où les *chefs*-d'œuvre du luxe et du confortable se sont *donné* rendez-vous, je les ai *parcourus* en tous sens. Ces théâtres que j'avais *entendu* prôner de si loin, je les ai *visités* presque tous les soirs. J'ai *rencontré* dans les salons, le journaliste aux traits satiriques, aux mordants pamphlets ; le savant, orgueil des lycées de la capitale; l'orateur, à la dialectique *serrée*, et mon admiration enthousiaste s'est *épanchée* devant quelques-uns. Mais quel dommage qu'un règlement sans appel, ou une mode inexorable, indices

— 145 —

trop clairs de la prépondérance masculine, interdise à notre sexe l'entrée de presque tous ces cours publics, où le plus mince bourgeois s'*enquiert* gratuitement des plus beaux secrets de la littérature et des sciences ! Figurez-vous que tous les jours, à toute heure, la munificence nationale ouvre au premier venu les sanctuaires de l'érudition ; admirez cette noble institution d'un grand pays, songez si les intelligences que sa libéralité fait éclore, doivent l'indemniser tôt ou tard ! Mais plaignez aussi le désappointement de votre pauvre amie qui, *douée* par la nature d'un désir de savoir presque viril, a *passé* plusieurs fois devant les *cent* portes ouvertes de ces amphithéâtres où se dispensent les trésors de l'esprit, sans pouvoir ou sans oser y entrer.

109ᵉ Dictée.

L'Italie, cette presqu'île privilégiée que tant de *poëtes* et d'artistes ont *visitée*, n'est pas seulement une terre de souvenirs, c'est encore une des plus originales et des plus pittoresques contrées que le voyageur ait jamais *parcourues*. Pays de ruines, de montagnes, de villages étranges, d'habitants aux mœurs diverses ; ici, gais, enjoués ; là, soupçonneux, mal vêtus, dont les bras sont *armés* d'un fusil qui atteint toujours le but, quelque éloigné qu'il soit, tandis que ceux qui le manient avec une telle dextérité, ont toujours sur les lèvres une prière pour Dieu, un cantique pour la Madone.

L'imagination de ceux que la curiosité ou l'amour des arts amène sous ce beau ciel, s'est toujours *laissée* aller à des souvenirs qui leur sont *venus* en foule : celui-ci, passant près d'un torrent, a *cru* entendre le murmure du ruisseau qu'ont *chanté* les *Horace* et les *Virgile* ; ceux-là ont *salué* un monastère abandonné, comme l'ancienne cellule d'un grand peintre ; d'autres ont *pris* pour le sifflet d'un bandit, le cri aigu ou joyeux du pinson et de la mésange, et se sont *imaginé* qu'ils allaient périr victimes d'un infâme *guet-apens*. Enfin, en Italie, l'herbe qui *verdoie*, le soleil qui dore les coteaux, l'insecte qui fuit sous les touffes fleuries, la grotte que l'on explore en rampant, tout revêt une forme poétique, et nous mène bien au delà de la vérité.

110ᵉ Dictée.

Je me suis toujours *étonnée*, mon cher neveu, que mon mari ne vous ait jamais *initié* aux arts mécaniques qu'il a tant *aimés*. Souvent je me suis *vue* embarrassée pour vous distraire dans les courts instants que vous avez *eus* à passer près de nous; mais pour lui, son activité presque phénoménale n'avait pas besoin d'être *aiguillonnée*; la serrurerie, la quincaillerie, l'hydraulique, la charpenterie, tout l'intéressait; et joignant, dès qu'il le pouvait, la pratique à la théorie, il était *devenu* passé maître dans l'art d'*équarrir* une pièce de bois, de *contourner* une *vis*. C'était plaisir et merveille de le voir, à l'issue des longues assises et des séances les plus litigieuses, quitter sa robe de juge pour la blouse de l'artisan, s'armer du rabot et de la scie, et lutter de zèle avec les plus habiles manœuvres. Combien de fois me suis-je *réjouie* de ces innocents *passe-temps* qui le reposaient par le mouvement ! Nul doute que, consciencieux comme il l'était, sa constitution frêle et malingre ne se *fût* bientôt *amoindrie*, si les *fatigantes* préoccupations de la pensée n'eussent été *dissipées* par le travail mécanique; et nous sommes redevables à cette gymnastique industrielle, de la longue et honorable carrière que votre oncle a *parcourue*.

111ᵉ Dictée.

Tout occupés que nous sommes dans cette semaine des mystères religieux, vous ne serez pas *étonnées*, mesdames, que nous continuions le sujet que nous avons *traité* il y a quelques jours. Nous avons *parlé* de l'observance du carême aux époques de foi et d'ardente piété; aujourd'hui, la pénitence a *diminué* d'austérité, mais les cérémonies sont *restées* telles qu'on les a toujours *vu* observer dans l'église catholique. Mêmes prières, mêmes offices, sermons de retraite dans la journée, ténèbres le soir, ou touchantes suppliques au ciel pour qu'il ait en pitié les malades, les captifs, les voyageurs, ceux qui se sont *détournés* de la vraie *voie*, ceux que la faiblesse retient dans le mal, *quelque* convaincus qu'ils soient de leurs torts, enfin tous ceux qui ont besoin du secours d'en haut pour *recouvrer* soit l'honneur, soit la paix de la conscience.

Aujourd'hui, cette sombre tristesse de l'Eglise a *disparu;* elle s'est déjà *parée* de vêtements blancs, elle allume le cierge pascal, elle baptise les *catéchumènes*, elle *absout* les pénitents, elle admet les *néophytes* au rang de ses enfants. Elle a *béni* ce matin l'eau et le sel qui serviront aux purifications; en un mot, elle oublie, pour ainsi dire, les humiliations et la mort que le Sauveur a *endurées*, pour ne s'occuper que de sa glorieuse résurrection.

Puissent notre exactitude à observer ses lois, et les enseignements que nous en aurons *tirés*, nous être profitables pour l'année qui va suivre!

112ᵉ Dictée.

Une des plus agréables distractions que puisse se procurer une jeune personne qui habite les bords de la mer, c'est de composer un herbier. Les plantes que les bois et les prairies ont *vues* naître, affectent, je le sais, une variation de couleurs et de formes qui les rend plus agréables à l'œil que celles qui ont *crû* au fond des mers, et que les tempêtes *rejettent* sur le rivage; mais *quelque* monotones que celles-ci paraissent, elles ont des teintes vigoureuses, et des contours bizarres qui les rendent dignes de notre attention. Les personnes qui les ont *examinées* de près, s'en sont *convaincues*; elles les ont *trouvées tout* autres qu'elles ne leur avaient *semblé* d'abord.

Voici la manière de conserver les algues et les conferves qu'on veut dessécher : on les a *recueillies* à la marée basse, on les met dessaler dans un vase plein d'eau; quand elles se sont *séparées* de leur sel, on les étend au fond d'une assiette, sur une *demi-*

feuille de papier *recouverte* d'eau ; on es-
saie, à l'aide d'une aiguille à tricoter, d'é-
carter les filaments afin qu'ils conservent
la forme que leur a *donnée* la nature. Cela
fait, on couvre ces plantes de papier brouil-
lard, *imbibé* d'eau-de-vie ; on les introduit
entre deux planches que l'on *serre* l'une
contre l'autre, en appuyant dessus deux
ou trois *cents* livres *pesant*, et au bout de
quelques jours qu'on les a *laissées* ainsi, la
dessiccation est faite.

113ᵉ Dictée.

De toutes les usines que nous avons
visitées, aucune ne nous a plus *intéressés*,
mon frère et moi, que la verrerie de Choi-
sy-le-Roi. Quelque instruite que vous soyez,
ma chère amie, *tout* obligeante que vous
vous êtes *montrée* pour nous communiquer
les connaissances que vous acquériez chaque
jour, je ne vous ai jamais *entendue* parler
de cet établissement.

Figurez-vous, sous un vaste hangar, plus
de *cent* ouvriers au teint hâve, *mi*-vêtus et

groupés autour d'une fournaise ardente, *entretenue* jour et nuit, à grands frais de combustible, pour fondre la silice dont se compose le verre. Chacun d'eux plonge tour à tour dans la matière fondue, le bout d'une canne creuse en métal; ils gonflent par insufflation la pâte encore chaude et rouge, ainsi que les enfants suspendent des bulles savonneuses à l'extrémité d'un tuyau ou chalumeau de paille. La *panse* de la bouteille s'arrondit contre la paroi cylindrique d'un moule creux; le fond se renfle intérieurement contre l'extrémité bombée d'une tige solide qui sert de repoussoir, et quand la bouteille qui adhère au tube creux, commence à se refroidir, un petit coup frappé sur le tube, suffit pour la détacher.

114ᵉ Dictée.

On a dit avec raison que rien n'est plus *opposé* à la véritable dévotion que la superstition, cette fille de l'ignorance, que l'un des moralistes anciens que l'on a le plus *vantés*, déclarait pire que l'athéisme. Pour ne parler que des païens, était-il rien de plus absurde que leur foi aux présages ? Une parole *entendue* fortuitement dans la rue, le cri d'une chouette, l'apparition d'un météore, tout leur prédisait l'avenir et leur paraissait d'un heureux ou malheureux augure.

Tout étrange qu'était cette croyance, et *quelle* que *fût* la sottise populaire, les magistrats se gardaient bien de désabuser le vulgaire ignorant ou grossier; ils y trouvaient des moyens faciles de gouvernement, et obtenaient de ces préjugés, dont ils semblaient imbus eux-*mêmes*, des résultats qu'ils n'auraient jamais *obtenus* par le langage de la raison. La guerre, la paix, *toute* autre affaire importante qu'ils s'étaient *proposé* d'entreprendre, rien ne commençait sans que l'on *eût pris* les auspices, *consulté* les aruspices; on recevait des réponses telles quelles, et les prêtres savaient toujours les interpréter au gré des gouvernements. On aurait *grand'*peine à concevoir les détails puérils et ridicules qui accompagnaient ces bizarres cérémonies ; grands

7.

et petits y mettaient la même importance, et semblaient s'être *disputé* l'honneur de l'emporter en fait de mômeries et d'absurdités.

115ᵉ Dictée.

Il y a des gens qui parlent au hasard, sans s'être *demandé* ce qu'ils ont à dire; d'autres affectent une fade attention à tout ce qu'ils disent; ils sont comme *pétris* de phrases et de petits tours d'expressions, dont ils semblent s'être *imposé* la tâche de ne jamais s'écarter; d'autres enfin *réunissant* ces deux défauts, parlent à tort et à travers comme ces charlatans qui, du haut de leurs tréteaux, haranguent une multitude ignorante et crédule.

Tous sont également insupportables; on dirait qu'ils ont fait la gageure de se moquer de ceux qui se sont *laissé* conduire aux réunions où brillent ces phénomènes. De quelque patience que l'on soit *doué*, *quelle* que soit la longanimité dont nous a *gratifiés* la nature, et *tout* indulgente que serait notre attention, il faudrait la perfection d'un saint pour ne pas se révolter contre une mystification si complète et si effrontée. Ce *sont*, en effet, les plus insupportables gens que l'on ait jamais *vus*. Il en est cependant d'autres encore qui nous mettent au supplice, et notre condition est sujette à plus d'une mésaventure de ce genre : il n'est pas de si chétif auteur qui ne se *croie* en droit de nous rompre les oreilles de la lecture de ses *chefs-d'œuvre*, en prose ou en vers ; c'est la sangsue qui ne s'arrête pas à l'épiderme ; sa dent trop incisive pénètre jusqu'à la veine, et le monstre ne quitte sa proie qu'après s'être *gorgé* jusqu'à crever dans sa peau.

116e Dictée.

Une touchante superstition de l'enfance attache des *pensers* religieux au vol des duvets qui sont *suspendus* dans l'air, et l'image de la Vierge Marie apparaît aux jeunes cerveaux dans les flocons légers, *appelés* fils de la Vierge, qui voltigent au gré des vents.

Qui de nous, mesdames, ne se serait *sentie* attendrie à cette ingénieuse fiction qui fixe une image sacrée sur un sable mouvant, et qui prend ce qu'il y a de plus mobile, pour rappeler à la mobile enfance le souvenir de sa divinité protectrice !

Récemment encore, cette gracieuse rêverie que j'ai *entendu* chanter dans une charmante romance, m'est *revenue* fraîche et pure comme aux jours insouciants du jeune âge, et j'ai *béni* cet art divin de la musique, par qui les plus douces méditations sont *évoquées*.

Grâces soient *rendues* en effet à l'artiste harmonieux, dont les accents sympathiques éveillent les bonnes réminiscences ! *Absorbées* comme nous le sommes par des occupations incessantes, *accaparées* par le travail quotidien, nous avons bien besoin que de temps à autre une voix mélodieuse ranime notre imagination alourdie, rafraîchisse nos pensées, et retrempe nos esprits à la source toujours vive des croyances du cœur.

117ᵉ Dictée.

Les beaux projets que nous nous étions *proposé* d'exécuter sont *allés* à *vau-l'eau*, quelque diligence que nous ayons *mise* à nous conformer au programme que d'habiles gens s'étaient *donné* la peine de nous tracer, et *tout* heureuse que paraissait la chance que nous avions *commencé* d'obtenir. En effet, la fortune semblait d'abord favoriser nos efforts; mais cette fantasque déesse n'a pas *tardé* à nous donner des preuves de ses bizarres caprices; elle s'est *plu* à contrarier tous les plans que nous avions *eu* tant de peine à combiner pour arriver au but. *Toute* autre tentative nous paraîtrait dorénavant inutile; nous avions trop *compté* sur la réussite, nous *croyions* avoir tout *prévu*, nous nous étions *distribué* les rôles, à chacun selon ses moyens; personne n'a *manqué* à l'appel, *fait* avec soin, quoique sans cette contrainte qui *eût pu* mécontenter quelques-uns de nos associés. On ne peut donc attribuer qu'à une cause indépendante de notre volonté, le stérile résultat de notre entreprise dans laquelle un des agents que l'on a le plus *admirés*, a *failli* être victime de son dévouement.

118ᵉ Dictée.

Les écoles sont silencieuses ; *quelle* que soit l'issue de la lutte dans la mêlée scolastique, victorieuse ou vaincue, la jeune fille a gaiement *rejoint* les lieux qui l'ont *vue* naître, et où l'attendent les joies de la famille au foyer maternel. Les succès qu'elle a *obtenus* ne l'ont point *enorgueillie* jusqu'à la rendre vaine ; les échecs qu'elle a *reçus*, elle s'en est *consolée* ; plus de dictées, plus d'analyses, plus de surveillante au regard sévère, voilà l'essentiel. Les vacances, c'est le temps des campagnes fleuries, des riantes vallées, des plaines émaillées ; c'est l'oasis après le désert. Nous énumèrerions facilement celles des écolières qui, *tout* étourdies, *tout* enivrées qu'elles sont de leurs joies éphémères, se sont cependant *juré* de donner quelques moments à l'étude, et de dérober au désœuvrement une heure par jour, pour feuilleter les arides volumes que tant d'autres ont *laissés* dormir.

Mais bientôt sonnent les heures de classe; adieu *courtes* délices, fugitive indépendance! Voici le jour où les jeunes filles s'assiéront de nouveau sur ces bancs qu'on les a *vues* abandonner avec tant de joie, et reprendront, sinon avec empressement, du moins avec résignation, leurs cahiers délaissés.

119ᵉ Dictée.

Quel homme a *exercé* sur son siècle plus d'ascendant que saint Bernard? Entraîné vers la vie ascétique, non par un simple instinct d'humeur capricieuse, mais par un de ces sentiments impérieux qui n'en laissent pas d'autres dans l'âme, il alla prendre dans le cloître et sur l'autel, toute la puissance de la religion.

Lorsque s'échappant de son désert, il apparaît au milieu des peuples et des cours, *quels* que soient les vices des uns, *quelle* que soit la corruption des autres, les austérités de sa vie, *empreintes* sur sa physionomie, remplissent les cœurs d'affection et de respect ; *tout* ignorante qu'est l'espèce d'hommes qui l'écoute, éloquent dans un siècle où l'art de la parole est inconnu, il triomphe des hérésies et des schismes dans les conciles, fait fondre en pleurs les populations sur les calamités *publiques*, et son éloquence est *crue* un miracle de la religion qu'il a *prêchée* ; les vertus qu'on l'a *vu* pratiquer, les discours qu'on l'a *entendu* prononcer ont *mis* ses actions en harmonie avec ses paroles ; et l'Église, dont il était le *phare*, semble recevoir les volontés célestes par son intermédiaire.

120ᵉ Dictée.

Quelque peu d'expérience que vous m'ayez *supposé*, ma chère sœur, si peu savante que vous m'ayez *crue* dans les affaires, j'ai regret que vous vous soyez si fort *laissé* influencer par votre agent de change, et que vous ayez *acheté* cette rente sans m'avoir *consultée*. Le *taux* est peu *élevé*, j'en conviens ; aussi les acheteurs que vous avez *vus* se presser à l'*envi*, se sont *déterminés* par l'espoir tant de fois décevant, d'une chance prochaine ; mais que n'acquériez-vous plutôt de vos économies, quelques petits *biens-fonds* dûment hypothéqués ! que ne relouiez-vous à bail *emphytéotique* cette ferme ou métairie que nous vous avons déjà *vue* régir avec tant de succès ! Maintenant, vos *fonds* vont courir les chances de la fortune *publique*, et suivre les oscillations incessantes du thermomètre politique, et qui sait si les affaires du pays participeront au bonheur qui s'est *attaché* jusqu'à ce jour à toutes les entreprises que vous avez *formées* ?

121ᵉ Dictée.

Quand il y a quelque affaire importante sur le tapis, je me plais à entendre les réflexions qu'elle a *inspirées* dans les diverses paroisses de Londres, et à voir quels avis se sont *proposé* de suivre mes ingénieux concitoyens.

Comme je sais que chaque café a son ministre d'État qui est l'interprète de la rue où il demeure, je m'assieds modestement à côté de lui, et je recueille les décisions que j'ai *entendu* prononcer par son génie transcendant; c'est un passe-temps fort innocent. J'ai *remarqué* que l'orateur, dans ses discours *proclamés* du ton le plus prétentieux, n'admet jamais de controverse; ses arrêts sont en dernier ressort, ils deviennent paroles sacramantales ou sacramentelles, pour des auditeurs qui ont *voué* une adhésion irrévocable aux jugements de leur coryphée; aussi me *borné*-je à écouter silencieusement; malheur à qui s'aviserait de contredire les sophismes que ces docteurs privilégiés se sont *plu* à débiter; on crierait haro sur le baudet! Mais il pourrait s'indemniser en passant dans un autre quartier, il y trouverait des hommes et un langage aussi distincts des premiers, que s'ils vivaient séparés par *vingt* degrés de latitude, et sous des climats différents.

122ᵉ Dictée.

Un grand nombre de femmes *tout* adonnées aux soins du ménage, négligent la lecture des feuilles *publiques*, et leur insouciance des affaires du jour, se refuse au peu d'efforts nécessaires pour saisir le langage, souvent abstrait, de la polémique ; je ne veux pas dire qu'il *seie* aux femmes de s'immiscer aux discussions politiques ; leur mission toute de douceur et de conciliation, leur interdit l'initiative en pareille matière ; et mieux vaudrait cent fois une ignorance gracieuse, qu'un savoir aigre et prétentieux. Mais est-il bien aussi que le compte rendu des séances où se sont *décidés* les intérêts d'un frère, d'un époux, d'un père, soit pour nous un grimoire inintelligible ? N'arrive-t-il pas tous les jours qu'à l'annonce d'un projet nouveau, au sortir d'un débat épineux, le citoyen soucieux, fatigué, condescend à nous donner la parole, et s'épancherait de grand cœur au foyer domestique ? et quand une tendresse intelligente pourrait adoucir l'inquiétude ou fixer l'irrésolution, est-il bien que la femme assiste sans comprendre, sans que son amitié suffise à lui inspirer le mot qui console ou décide? A quoi bon enfin cette longue étude de l'histoire, ces extraits consciencieux que je vous ai *vues* rédiger, si cette science laborieuse du passé n'est pas le flambeau de l'histoire contemporaine, si le récit des malheurs privés ou publics des hommes qui ne sont plus, ne nous prépare pas à suivre d'un œil moins étonné, les continuelles péripéties que le mouvement de la législation produit dans le sort des particuliers et des nations?

123ᵉ Dictée.

Nulle part les chiens ne sont *employés* d'une manière plus spéciale que dans le Kamchatka, où l'on s'en sert comme de bêtes de somme; on les *attelle* aux traîneaux, et quatre d'entre eux suffisent pour traîner avec une force et une vitesse inouïes six *cents* livres de charge; des forêts impraticables, des défilés étroits, des neiges profondes, des ouragans qui *balaient* cette neige et effacent toute trace de chemin, empêcheraient qu'on *voyageât* l'hiver avec des chevaux, tandis que les chiens se *fraient* une route, *quels* que soient le danger et les difficultés. Cependant, *quelque* nécessaires que ces pauvres animaux se soient *rendus* à leurs maîtres, ceux-ci les traitent si mal, que leurs mœurs s'en sont *ressenties ;* ils sont inquiets, sauvages et féroces. A peine ont-ils *vu* le jour, qu'on les *jette* dans une fosse obscure, jusqu'à ce qu'on les *croie* assez forts pour faire un essai. La vue de la lumière dont on les a si longtemps *privés*, les *effraie* ; une fois *attelés*, ils courent jusqu'à ce qu'ils soient *épuisés*, *essayant* de dévorer les courroies ; on *renouvelle* l'épreuve tant qu'ils ne sont pas *habitués* aux harnais. Libres l'été, leur *martyre* recommence avec les glaces ; toujours en course, on les nourrit à peine de poisson pourri et sec, dont les arêtes leur déchirent la gueule ; on les bat, on les enferme, et par ces traitements barbares, on en a *fait* des animaux voraces, dégradés, *détestant* leurs maîtres, et *témoignant* de leurs souffrances par des hurlements *incessants*.

124ᵉ Dictée.

Les étrangers qui ont *visité* Tolède, se sont *plu* à y admirer l'hôtel de ville dont l'architecture, en colonnade, est parfaitement belle. Sur une des marches de l'escalier se lisent, en espagnol, les vers *suivants, traduits* littéralement : « Homme noble et judicieux qui régis Tolède, dépose tes passions sur ce palier ; *laisses*-y la crainte, l'avidité, la partialité ; oublie les intérêts particuliers pour l'intérêt public dont tu t'es *chargé*, et puisque Dieu te fit comme la colonne de cette ville immense, sois ferme, droit et inébranlable. »

Quelques beautés qu'on ait *remarquées* dans Tolède, on ne les *regrette* point quand on se rend à Grenade, ancienne ville maure ; *tout* indifférentes que certaines personnes sont d'ordinaire aux beautés de la nature, peu d'entre elles ont *pu* échapper à une muette admiration, quand elles se sont *vues* dans ces montagnes qu'elles ont *dû* traverser pour gagner Grenade ; montagnes arides, incultes, *couvertes* seulement de houx, de romarin, de thym et de bruyères. A la fin du dernier siècle elles étaient le repaire de loups, de bandits, de brigands qui, *tapis* derrière ces blocs de rochers, barraient la route aux voyageurs. Quelques gouverneurs s'étaient *proposé* de faire agréer au roi leurs projets de défrichement, ils n'ont pas *réussi* dans leur idée philanthropique ; ce n'est que depuis les guerres que nous avons *eues* avec la péninsule, que les améliorations sont *venues*.

125ᵉ Dictée.

Lorsque Anne de Bretagne eut *obtenu* la permission d'employer le beurre pendant le carême, on désira vivement, mais en vain, que cette dispense s'*étendît* jusqu'aux œufs, dont les fervents catholiques s'étaient toujours *abstenus* jusqu'alors, pendant ce temps de pénitence. Ce ne fut qu'en 1555 que le pape Jules-Trois consentit enfin à tolérer cet usage, qui devait être *racheté* par des œuvres pieuses et d'abondantes aumônes.

C'est sans doute cette rigoureuse abstinence qui a *donné* lieu à la coutume qu'on a *conservée* dans quelques provinces, de s'envoyer mutuellement, à l'issue du carême, des œufs, *dits* de Pâques. Le vendredi saint et les jours suivants, on allait à l'église offrir et faire bénir des œufs ; de retour au logis, ces œufs *bénits* étaient *envoyés* aux amis et connaissances, non sans avoir été préalablement *bariolés*, *chamarrés* et *enjolivés* de *mille* manières.

Cette coutume *toute* pieuse et *tout* innocente, donna cependant lieu à des abus. Les étudiants, qui de tout temps se sont *montrés* tapageurs et amis du désordre, s'étaient *ingérés* de se réunir un des jours de la semaine de Pâques, à la porte de l'église principale du lieu ; les clercs des autres églises et les jeunes gens de la ville qu'ils s'étaient *adjoints*, ne se montraient pas les moins chauds *partisans* de ces bruyantes excursions. Toute cette cohue, *armée* de lances et de bâtons, *agitant* des sonnettes, et *faisant résonner* le tambour, formait ainsi le plus infernal charivari qu'on *eût* jamais *entendu*. A un signal *donné*, toute la troupe entonnait laudes en chœur, après quoi, ces jeunes fous se dispersaient dans les rues pour aller quêter les œufs de Pâques.

Si j'eusse *vécu* dans ce temps-là, je vous réponds que ces messieurs n'auraient pas *eu* à se louer de ma générosité.

126ᵉ Dictée.

N'est-il-pas *arrivé* quelquefois, ma chère amie, que, vous sentant saisie d'un découragement subit, d'un dégoût inattendu pour les occupations qui vous avaient le plus *intéressée* jusqu'alors, vous vous êtes *dit* : Ce ne sera rien, c'est un nuage qui passe ; après la pluie reviendra le beau temps ; et, confiante dans les ressources de votre âme, vous sentiez revenir peu à peu votre entrain habituel ? Eh bien, dans cette pensée d'un esprit qui se *rassoit* (1) en se transportant au delà du moment présent, se trouve l'image du stoïcisme religieux qui se résigne courageusement aux décrets de la Provi-

(1) Académie.

dence. Si nous considérons tant d'espérances *déçues*, tant de craintes qui ne se sont pas *réalisées*, tant de joies que le temps a *vues* fuir, tant de douleurs dont la mémoire même est *perdue*, alors nous admirons cette inépuisable sensibilité de l'âme, incessamment ouverte à des émotions *opposées*; mais nous ne demandons plus avec anxiété où va se perdre ce flot, toujours *agité*; nous sentons qu'au-dessus de toutes nos joies et de tous nos mécomptes, il y a des lois immuables du juste et de l'injuste; et qu'après que nous nous serons plus ou moins *désolées*, plus ou moins *attendries*, il ne restera plus de ces émotions qui nous absorbent *tout* entières, que le compte rigoureux, toujours *ouvert* dans notre conscience, du bien que nous faisons, et du mal que nous évitons.

127e Dictée.

La supériorité des races qui peuplent l'Europe, et l'ascendant qu'elles ont *pris* sur le reste des hommes se justifient par l'infatigable ardeur de leur intelligence; cette émanation divine qui est en elles, ne leur laisse aucun repos. Les peuples des autres parties du monde ont *eu*, par intervalles, des instants de somnolence; *quant* à la civilisation européenne, elle ne sommeille jamais. Croyant toujours entendre *résonner* à son oreille une voix du ciel qui lui crie : marche, marche, elle avance sans que rien ne l'embarrasse ni ne l'arrête. Si l'on doutait de cette vérité, on s'en convaincrait bien vite en réfléchissant aux progrès qu'ont *faits* les sciences et l'industrie depuis quelques années. Dans le court espace seulement qui s'est *écoulé* entre l'exposition de 1839 et celle de 1844, que de secrets l'homme de génie n'a-t-il pas *arrachés* à la nature, que d'inventions nouvelles, secrètes ou désintéressées ! inventions *toutes* bienfaisantes pour la plupart, et qui, par cela même, ne laissent pas de déceptions, mais donnent à l'homme qui les a *créées, façonnées*, un indicible bonheur; car il peut se dire : J'ai *marqué* mon passage sur cette terre, j'y ai été utile. *Quels* que soient et les fatigues et les revers qu'ont *supportés* de tels hommes, ils les ont vite *oubliés*, car à chaque heure du jour ils sont *soutenus* par cette consolante pensée : Nous sommes *admirés* et *bénis* par nos semblables.

128ᵉ Dictée.

Les chaleurs qu'il y a *eu*, celles qu'on attend encore *appellent* tout le monde à la campagne. Des familles *tout* entières sont *parties*, d'autres que leurs affaires ont *retardées*, font leurs malles, et avant peu nous les aurons *vues* déserter Paris, et demander aux prés un air pur, aux bois la fraîcheur, aux champs des plaisirs calmes qu'elles se seraient vainement *efforcées* de trouver dans notre grande cité, où l'atmosphère est *imprégnée* de miasmes méphitiques, le pavé brûlant, le ciel obscurci par la poussière, toutes choses antipathiques à quiconque s'est *trouvé* à même de goûter les charmes du grand air. Mais, *quelque* attrayantes que soient les distractions champêtres, *toutes* désœuvrées que se trouvent les femmes *pri-*

vées de leurs habitudes journalières, et *tout* enclin que l'on est à la paresse quand on entend gazouiller les oiseaux, murmurer les ruisseaux de la prairie et bourdonner l'abeille, on ne court pas les champs en plein midi ; aussi la ménagère profite-t-elle de cette heure inoccupée pour confectionner ces délicats *hors-d'œuvre*, ces délicieux entremets, ces plats de dessert qu'elle *paierait* si *cher* dans l'hiver, et qu'elle s'est *vue* à même de préparer à bon compte avant l'arrière-saison. Or elle confit des fruits, elle remplit ses bocaux de cerises et de prunes à l'eau-de-vie, elle sèche des petits-pois et des haricots verts, enfin elle se précautionne pour que sa table soit, à son retour, abondamment et économiquement *servie*.

129ᵉ Dictée.

L'exposition quinquennale des produits de l'industrie est close depuis le premier de ce mois, et le vaste *rez-de-chaussée* qui contenait les merveilles que nous avons tant *admirées*, ne se rouvrira plus que le jour où la main du Roi distribuera des récompenses *décernées* par le jury. Quelle immense affluence on a *vue* se porter à ce rendez-vous national! Que de voitures ont *sillonné* toutes les rues de la capitale! Avant même que le congrès industriel *fût* ouvert, la population de Paris s'était *accrue* de plus de moitié, et ce n'était pas un futile empressement, une vaine ardeur de curiosité qui portait aux Champs-Élysées ces flots de visiteurs ; sans doute il n'a pas *manqué* de curieux ébahis, dont l'admiration ignorante ne s'est *extasiée* que devant le phare lenticulaire aux cristaux resplendissants, devant l'horloge de verre au moteur invisible, devant le compositeur typographique par lequel les caractères alphabétiques sont *triés* et *rangés* comme par la main de l'homme ; sans doute plus d'une élégante, aux regards distraits et indifférents, ne s'est *enthousiasmée* que pour la robe *brodée* aux ailes de mouche ; mais tout ce que la France a *voulu* voir dans le bazar national, c'est le résultat des efforts persévérants de toutes les industries, depuis la plus modeste jusqu'à la plus ambitieuse; c'est le compte rendu des travaux du peuple et des vraies richesses du pays; c'est le programme complet des produits du passé et des promesses de l'avenir.

130ᵉ Dictée.

Quelle est cette chambre où l'œil ne rencontre aucun objet à sa place, où l'araignée tend sa toile, où tout est *sens dessus dessous?* C'est la chambre d'une jeune fille négligente; *quelques* nombreuses réprimandes que fasse la mère dans l'intérêt de l'ordre, la confusion s'accroît de jour en jour. Les vêtements qu'on a *quittés* la veille, traînent sur tous les meubles; ceux qu'on ne mettra que le lendemain sont épars çà et là, attendant vainement qu'une main soigneuse les serre et les mette à l'abri de la poussière qui les a déjà *ternis.* Sur le bureau, se *voient* des liasses de *papiers* d'une écriture indéchiffrable, *tachés* d'encre; des livres *tout* déchirés, une *écritoire* sale et bourbeuse, un canif ébréché, etc.

Eh bien, *quel* que soit le désordre de cette chambre, l'esprit de celle qui l'habite est plus *désordonné* encore, c'est un vrai chaos; si elle méprise la forme, elle ne se soucie guère plus du *fond*; les leçons qu'on lui a *données* à apprendre, elle les a mal *sues*; les devoirs qu'elle s'est *imposés* sont *restés* à moitié *faits*. Pour achever une tâche, il faudrait qu'elle en *comprît* l'importance; jamais elle ne réfléchit; elle a peut-être les meilleures intentions du monde, mais, *quelles* qu'elles soient, on n'en voit pas l'effet; car elle ignore le secret des douces prévenances, le mérite de *l'à-propos*, l'importance de l'exactitude; toujours arriérée, se reprochant ses omissions et les accumulant sans cesse, elle ne mène rien à bonne fin, se brouille avec les autres, et vit mécontente d'elle-même.

131ᵉ Dictée.

Un appartement de la maison que j'ai *vu* démolir ce matin, a été *habité* par une de mes amies de pension, à laquelle j'étais fort *attachée*, et qui m'avait *priée* de chercher pour elle un joli pied-à-terre dans une des rues fashionables de la capitale.

La gracieuse symétrie de son ameublement était comme le reflet des qualités de son âme; rien qu'à voir l'élégance de ses candélabres, l'ingénieuse sculpture de sa pendule, les *mille* riens dont elle avait *orné* son dressoir, ses albums coquettement *dessinés*, ses tablettes *chargées* de livres sérieux ou légers, on eût *deviné* que la maîtresse de la maison était une femme simple, gaie, *habituée* au confortable, amie des arts et presque savante. Que de fois nous avions *devisé* seule à seule, que de douces rêveries, que d'innocentes billevesées! *Quoi qu'il en fût* de ce bonheur, mon amie partit; un locataire inconnu vint s'installer à sa place, et chaque fois que le hasard ou une habitude machinale m'a *amenée* devant cette maison, tant de fois *visitée*, je n'ai *vu* que du bas de la rue ce salon où j'étais toujours *attendue*. Aujourd'hui, c'était bien pis encore : une croix de bois de sinistre augure écartait le passant; ce n'*étaient*

8.

que planchers effondrés, lambris arrachés ; et, à chaque coup de marteau que j'ai *entendu* donner, il me semblait que l'esprit de l'oubli soufflait sur tous les souvenirs que j'avais *conservés* dans mon cœur.

152ᵉ Dictée.

Quelques personnes que j'ai *consultées* sur la méthode qu'elles avaient *suivie* pour étudier l'histoire, se sont *applaudies* de ne pas s'être *assujetties* strictement à l'ordre chronologique, et de s'être, avant tout, aussi bien *tenues* au courant de l'histoire du temps actuel, que des faits qui se sont *accomplis* depuis un petit nombre d'années. Sans doute il ne faudrait pas qu'on s'*attendît* à trouver dans les éphémérides d'aujourd'hui l'impartialité qu'on a toujours *observée* chez les chroniqueurs du temps passé ; mais à travers les périphrases de l'homme de parti, et les véhémences du *pamphlet* politique, un esprit droit et désintéressé a bientôt *reconnu* de quel côté se trouve la force, de quel côté le bon droit ;

et alors, *tout* habiles qu'ont été les historiens à environner d'une auréole de gloire les héros qu'ils ont *exhumés*, quelque ingénieuse que soit notre imagination à remettre sur pied les peuples et les cités *ensevelis* dans la poussière des temps, ne se peut-il pas que notre esprit ait *conçu* plus nettement, que notre âme ait été plus vivement *émue*, si c'est la législation même de notre époque que les publicistes ont *discutée* devant nous, si ce sont des passions vivantes que nous avons *entendues* parler, et des drames actuels que nous avons *vus*, jour par jour, se nouer et se dénouer?

153ᵉ Dictée.

Quels que soient l'indifférence et l'ennui que me font ordinairement éprouver les fêtes publiques, *quelques* appréhensions que m'inspire cette foule immense, *mise* en contact sur un seul point, je me suis *laissé* entraîner lundi dans les Champs-Élysées, et il est vrai de dire que j'y ai joui d'un des plus beaux coups d'œil que l'on puisse imaginer. Les ballets féerie, les opéras les plus *vantés* ne donneraient qu'une faible idée de ces magnifiques illuminations. Les personnes qui ont *vécu* sous l'empire, et qui se sont *trouvées* aux fêtes de cette époque, s'accordent à dire qu'elles n'en ont jamais *vu* de comparables à celles que nous a *données* la ville de Paris.

En effet, qu'était-ce que ces ifs en bois portant quelques lampions fétides, *comparés* à ces milliers de verres de toutes couleurs si artistement *disposés*, à ces obélisques, à ces portiques surpassant ce que nous avons *vu* de plus merveilleux dans les Mille et une nuits?

Je crains que les bateleurs, jongleurs et autres saltimbanques qui attirent ordinairement la foule, n'aient *perdu* leur temps cette année en faisant leurs parades, et que la plupart de leurs chalands n'aient *préféré* l'avenue du carré Marigny à leurs tentes fermées, où l'on ne tarde pas à être *asphyxié* pour peu que l'on y séjourne quelques instants.

134ᵉ Dictée.

Je n'ai que trop souvent *rencontré* des institutrices mécontentes de leur position, soucieuses de leur avenir, *découragées* par les mécomptes d'une existence précaire ; mais *quelques* sujets de plainte qu'elles aient contre la fortune, *tout* aigries qu'elles étaient par une vie de sujétion, j'ai rarement *vu* qu'elles fissent retomber sur les enfants *confiés* à leurs soins, l'amertume de leur désappointement. Pour peu que l'institutrice *vît* ses leçons écoutées avec docilité, j'ai *vu* presque toujours qu'une fois en présence de son jeune auditoire, elle faisait trêve à ses peines pour vaquer *tout* entière à la mission sacrée qu'elle avait *acceptée*; soit qu'alors le sentiment public *triomphât* des sentiments privés, soit effet de cette séduction dont la nature a *doué* l'enfance, soit orgueil, soit plaisir à faire passer dans un jeune cœur nos croyances et nos sympathies. Il est certain que quand un hasard malheureux a *placé* l'institutrice dans une position épineuse, quand au lieu de voir ses soins *accueillis* avec reconnaissance, elle se trouve en *butte* aux tracasseries de l'ignorance, c'est presque toujours auprès de son élève qu'elle va chercher un peu de courage et de joie.

135ᵉ Dictée.

L'huître, que la Zoologie range dans les acéphales, mollusques sans tête, soit parce que cette classe en est totalement *dépourvue*, soit parce que cette partie du corps n'est pas bien distincte chez elle, l'huître, dis-je, est également *recherchée* par les gourmands et par les coquettes. *Quelque* étonnées, mesdames, que la plupart d'entre vous puissent être de cette assertion, elles la comprendront aisément quand je leur aurai *dit* que c'est de ce petit animal, en apparence si peu intéressant, que se tire la perle fine. L'espèce qui la fournit plus particulièrement se nomme Aronde ; sa coquille, *composée* de deux valves, est intérieurement *tapissée* d'une nacre brillante dont ce ce petit zoophyte a *pris* soin lui-même d'orner sa demeure, non pour la rendre plus élégante, mais pour s'isoler de tout ce qui pourrait le blesser. C'est même à cet instinct de conservation que nous devons la perle qui, primitivement, n'était qu'un petit corps étranger dont l'aronde a *évité* le contact, en l'enveloppant de cette même nacre qui l'entoure.

L'homme, toujours avide d'augmenter ses richesses, a *su* mettre à profit l'antipathie de ce petit animal, en introduisant dans sa coquille des molécules qu'il a *trouvées*, au bout d'un certain temps, *converties* en perles.

Le golfe Persique, celui de Manaar, et les côtes de l'île de Ceylan sont *renommés* pour leur pêche aux huîtres. Des plongeurs, qu'une longue habitude a *rendus* habiles à cet exercice, vont jusque dans les profondeurs de la mer chercher ce précieux mollusque.

Quelques dangers que présente la profession du plongeur, il y trouve des charmes qu'il n'échangerait pas contre une vie plus tranquille et plus calme. Est-ce le besoin d'émotions, est-ce le plaisir de braver à chaque instant un imminent danger qui le rend si téméraire et si aventureux? Ou plutôt ne serait-il pas *mu* instinctivement par la satisfaction de se retrouver sain et sauf au sein de sa famille, qu'il a sans doute plus d'une fois *desespéré* de revoir?

156ᵉ Dictée.

L'automne a *ramené* les études, nos jours de repos s'en sont *allés* avec les feuilles qui tombent, et le soleil qui s'éloigne ; toutes les routes de la capitale sont *sillonnées* de voitures qui ramènent voyageurs et voyageuses aux classiques rendez-vous. Plus de bruyantes excursions aux pays lointains, plus de folâtres cavalcades, plus de gaies causeries au foyer domestique, plus de *toasts* joyeux au repas de famille ! La *scolastique* (1) discipline a *repris* son sceptre de plomb et *rallié* ses sujets *dispersés*. Mais d'où vient qu'à sa voix nous nous sommes *senties* plutôt émues que chagrines, et que

(1) Académie.

quelque joie s'est *mêlée* à la douleur du départ ? c'est que le travail est la condition première de l'existence ; sans le travail qui vous a *rappelées*, mesdames, une triste atonie *eût* bientôt *succédé* aux étourdissements de la distraction ; ce qui ne produit rien, *ennuie* vite ; et *tout* heureuses que vous vous êtes *senties* dans vos premières heures d'oisiveté, *quelques* jouissances que vous ayez *trouvées* dans l'exercice d'une liberté tout inaccoutumée ; parfois, sans doute, vous vous étiez déjà *surprises* à regretter les joies austères, mais fécondes, de la vie sérieuse dans laquelle vous êtes *rentrées*.

137ᵉ Dictée

L'Opéra, théâtre *destiné* à la représentation des *poëmes* (1) dramatiques *mis* en musique, fut *érigé* en Académie royale l'an *mil six cent* dix-neuf ; *quelle* que soit la répugnance qu'on aurait à le croire, un abbé, du nom de Perrin, en fut le fondateur ; l'administration en fut ensuite *confiée* à

(1) Académie.

Lulli, musicien célèbre; cet enfant de la haute Italie (il était né à Florence) s'associa Quinault, *poëte* lyrique, injustement *décrié* par les épigrammes du satirique Boileau. Né avec un esprit éminent pour la poésie, Quinault s'écarta du goût et de la coupe des opéras italiens, il créa un nouveau genre conforme à l'esprit de sa nation. Il ajouta aux danses et aux ballets déjà usités, le mécanisme des décorations et tout le merveilleux de la féerie. Lulli composait la musique, et c'était à lui qu'on attribuait le succès des nombreux ouvrages qui s'étaient *succédé* pendant plus de vingt ans sans interruption. Tous le regardaient comme leur maître, et il jouirait peut-être encore de cette renommée, s'il n'*eût composé* des opéras; mais ses symphonies l'ont *fait* apprécier avec plus de justesse. S'il se *fût borné* au chant et au récitatif, son œuvre serait *resté* avec cette réputation de supériorité inaccessible à ses rivaux; mais le *poëte* qui avait été *éclipsé* par le musicien, recouvra l'admiration que lui avait *ravie* ce dernier; et malgré les prétentions auxquelles les hommes les plus sincères se sont quelquefois *laissé* surprendre, Quinault est maintenant *reconnu* pour un auteur au-dessus du vulgaire.

138ᵉ Dictée.

Quelque ravie que je sois, ma chère enfant, des changements que ce petit voyage a *produits* sur votre santé, *tout* heureuse que je suis de savoir vos couleurs revenues et votre embonpoint quelque peu accru, j'ai étéionné du peu de détails que vous m'avez *donnés* sur votre dépaysement, et je suppose que quelque chose dont vous ne parlez pas, aura *préoccupé* votre esprit, naturellement pensif et observateur.

Ainsi que les objets *environnants* sont *raccourcis* ou *effacés* par l'éloignement, et que le peintre, pour mieux juger son œuvre, se recule à distance, ainsi à mesure que vous vous éloigniez de nous, tous ces petits bruits du monde par lesquels l'assiette de votre âme était parfois *dérangée*, ont *dû* s'éteindre peu à peu.

En vous rappelant les picoteries que vous

avez *eu* (1) à supporter, vous vous serez *étonnée* du peu d'attention qu'elles auraient *mérité*; ces succès d'amour-propre que vous n'avez pas toujours *dédaignés*, vous vous serez *demandé* s'ils valaient ce qu'ils vous ont *coûté*, et sans doute, quand vous vous rapprocherez de nous, vous ne retrouverez plus de sympathie dans votre âme que pour les travaux doux et utiles par lesquels la plupart de vos journées ont été si noblement *remplies*, et pour le bien petit nombre des affections vraies et sérieuses que l'absence n'aura pas *amoindries*.

159ᵉ Dictée.

Les philosophes qui ont *analysé* les sensations que l'homme doit éprouver dans telle ou telle circonstance, se sont *demandé* quel spectacle remuerait le plus vivement l'imagination d'un aveugle-né rendu à la lumière, ou de l'une de ces merveilles que le génie de l'homme a *enfantées*, ou bien de l'une de ces scènes grandioses que la nature seule peut offrir à l'homme?

(1) Grammaire des Grammaires.

Quelle que soit l'opinion particulière à chacun, *quelques* bonnes raisons qu'on puisse alléguer pour ou contre, la question est encore *irrésolue;* et selon qu'on est *impressionné* par les *chefs-d'œuvre* qu'on a *examinés,* ou par les émotions récentes que nous a *données,* soit un soleil couchant sur les montagnes, soit un de ces *clairs-de-lune* ravissants comme on n'en voit que dans certaines contrées, on juge en dernier ressort.

Si je ne craignais pas qu'on *m'accusât* de trancher témérairement une question qu'on a *cru* devoir laisser indécise, je ne balancerais pas à mettre la nature au-dessus de l'art; l'expérience m'a *confirmée* dans cette opinion : des hommes que j'ai *vus* rester froids devant le tableau d'un grand maître, devant le chœur ou la nef d'une gothique cathédrale, ou devant les sculptures ciselées d'un vieux castel, se sont *sentis tout* émus en contemplant ces sublimes beautés que Dieu a *créées* pour l'homme; et *quoi* qu'ils eussent *affiché* jusqu'alors de stoïque indifférence, je les ai *entendus* s'écrier avec extase : Mon Dieu, que c'est beau ! ce qui *résout* suffisamment la question.

140ᵉ Dictée.

Nous sommes *revenues*, ma sœur et moi, *tout* enthousiasmées et quelque peu étourdies du festival où je me suis *laissé* conduire, quoique je ne fusse pas encore *débarrassée* d'une névralgie qui m'a *retenue* plusieurs jours dans ma chambre. Je me suis *plu* à voir la foule des *dilettanti* se presser dans ce vaste rez-de-chaussée, où j'avais récemment *admiré* les merveilles de l'industrie humaine; les machines monstres, les pompes *hydrauliques*, les laminoirs, etc., avaient *cédé* la place au champêtre hautbois, à la cymbale sonore, à l'éclatant *ophicléide*; c'était la fête après le travail. Pour dire l'effet imposant des symphonies que j'ai *entendu* exécuter, l'ensemble prodigieux de *mille* vingt-deux concertants, les ravissements de la foule électrisée, c'est chose que je n'*essaierai* pas, d'autant plus que je ne suis pas bien *sûre* de m'être *maintenue* à la hauteur de ces magnificences : vous savez que ma nature nerveuse soutient mal les sensations trop vives, et quelque admiration que j'aie *éprouvée*, *tout* émue que je me suis *sentie*, je vous dis à l'oreille, et bien bas, que nos innocents *duos* de l'hiver dernier, nos faciles nocturnes, me sont parfois *revenus* à la pensée à travers les torrents d'harmonie dont j'étais *inondée*.

141ᵉ Dictée.

Que de personnes se sont *senties* frappées d'admiration pour les merveilles de la mécanique, sans que leur vulgaire curiosité se soit *inquiétée* de remonter jusqu'aux principes des moteurs qu'elles ont *vus* fonctionner ! et cependant, sans qu'il soit besoin que vous vous *initiiez* aux subtilités de la *technologie*, tout art a un principe simple qu'il vous siérait de connaître. Demandez à un élève des *Breguet* et des *Lepaute*, le secret des chronomètres, et quelque peu d'attention vous suffira pour concevoir comment l'action continue d'un *poids*, ou d'une spirale élastique, *régularisée* par le va et vient d'un pendule *isochrone*, a *remplacé* les antiques *clepsydres*.

Enquérez-vous auprès du physicien, des propriétés élémentaires des gaz et des vapeurs, et vous connaîtrez la force expansive par laquelle sont *opérés* les prodiges de la balistique et des machines locomotives; la loi de niveau des liquides explique les puits artésiens; l'analogie chimique saisit dans la betterave le principe sucrant, et transporte en Europe le plus beau commerce des îles; l'affinité du chlore par l'hydrogène, crée la science du blanchîment; enfin *quelque étonnées* que vous soyez, mesdames, par les résultats d'un art, il est toujours le produit d'une pensée primitive que les adeptes auraient facilement *mise* à votre portée, pour peu que vous vous fussiez *plu* à les interroger.

142ᵉ Dictée.

La colère est une courte folie; elle a pour quelques instants les symptômes que la démence furieuse présente sans cesse. N'est-ce pas une chose humiliante pour une jeune fille, qu'on puisse la comparer, ne *fût-ce* qu'une heure, à ces êtres infortunés qu'on n'a jamais *abordés* sans effroi ou sans pitié? *Tout* indulgente qu'est l'institutrice, elle doit, non pas sévir durement contre l'enfant colère, mais le surveiller constamment ; causer raison avec la jeune fille qui montre un caractère irascible, qu'un rien exaspère, qu'un mot fait sortir des gonds ; mais si elle veut que ses avis soient utiles, il faut surtout qu'elle-même conserve le calme et le sang-froid qu'a *perdus* son élève. Et cependant, n'en avons-nous pas *vu* qui se sont *émues* presque autant que celles qu'elles avaient dessein de ramener? Au lieu de discussions aigres ou railleuses, qu'elle conduise la jeune furieuse devant une glace, et la force à se contempler ; à la vue de ces yeux ardents, de cette figure grimaçante, de ce teint enflammé, la jeune fille rougira ; et, *quels* que soient ses cris et sa colère, elle adoucira sa voix glapissante ou rauque, étouffera ses plaintes, et des larmes de repentir succèderont aux pleurs de rage qu'elle aura *versés* peu auparavant.

145ᵉ Dictée.

L'astronomie est la science qui fait le plus d'honneur à l'esprit humain. De tous les peuples qui se sont *occupés* du grand système du monde, les Chinois (dont le nom seul nous paraît une épithète épigrammatique) sont celui qui se vante, dans ses annales, d'avoir *offert* les plus anciennes observations. *Toute* hasardée, *tout* exorbitante même que semble cette prétention, elle n'en est pas moins très-vraie; toutefois les premières éclipses qu'ils ont *observées* ne peuvent servir qu'à la chronologie, tant est étrange la manière dont elles sont *rapportées*; mais elles prouvent que, plus de deux *mille* ans avant l'ère des chrétiens, l'astronomie était *cultivée* à la Chine comme base des cérémonies *publiques*. On observait dès lors les ombres méridiennes du gnomon à l'époque des solstices; on mesurait le temps par des clepsydres, ou machines hydrauliques, qui marquent la marche du temps par l'écoulement d'une certaine quantité d'eau.

De *soi-disant* docteurs qui se sont *arrogé*, comme personnelles, des découvertes qui les ont *précédés* de plusieurs milliers de siècles, ont *essayé* de jeter du doute sur des faits que nous avons *vu* attester par tous les vrais savants; il reste constant que, dès l'an sept *cent* avant Jésus-Christ, les prêtres chaldéens et égyptiens cultivaient utilement l'astronomie.

144e Dictée.

Hommes et choses semblent s'être *entendus* pour m'empêcher de vous voir jeudi dernier; et, quelque envie que j'en eusse, je me suis *vue* forcée de remettre la partie. Le matin, les visiteurs se sont *succédé à l'envi :* ce fut d'abord votre cousine qui s'est longuement *excusée* de m'avoir *négligée*, et n'a *levé* le *siége* qu'après plusieurs sommations; puis mes filleuls que j'eus bientôt *éconduits*, malgré leurs gentilles câlineries; puis mon médecin dont les savants discours faillirent me redonner la fièvre dont il m'a *guérie*. Pourtant j'allais partir, quand tout à coup le ciel se fond en eau ; pas un ruisseau guéable, pas un chétif cabriolet à quatre roues sur la place ! enfin quelques *éclaircies* se montrent à l'horizon, je m'esquive et j'arrive *tout* essoufflée pour le dernier départ du bateau à vapeur ; mais l'orage qui m'avait *claque-murée* dans ma chambre, n'avait pas suffisamment *grossi* la rivière ; notre bateau s'arrête sur un *bas-fond* ; à ce contre-temps sans remède, qui couronnait le chapitre de mes petites misères, j'ai *failli* pleurer ; et, n'était-ce que j'ai *voulu* faire rougir le sort qui m'avait *harcelée* si résolument, je me fusse *dépitée* comme un enfant.

145ᵉ Dictée.

Les feuilles publiques des premiers jours de janvier nous ont *informés* que d'habiles archéologues explorent en ce moment les restes *retrouvés* de l'antique Ninive ; leur curiosité s'est *applaudie* de ne s'être pas *laissé* décourager par les obstacles que les fouilles ont *rencontrés* de toutes parts ; car cette autopsie des palais assyriens *ensevelis* sous terre depuis trente siècles, a *mis* à nu cinq *mille* mètres carrés environ de constructions antiques. Ici, des bas-reliefs où sont *représentés* les événements et les solennités du temps ; là, des milliers d'inscriptions, hiéroglyphes indéchiffrés, mais non pas indéchiffrables ; partout des figurines, des statues qui vont grossir le trésor de notre musée des antiques. Ainsi, pendant que tout Paris en émoi renouvelait joyeusement le bail de vie si court et si chanceux, quand ce *n'étaient* de tous côtés que serrements de mains, vœux ardents de bonheur et de longue santé, des savants français saluaient, sur les confins de la Palestine, les générations du temps le plus reculé, visitaient la demeure souterraine de ceux qui ne comptent plus les années, et rallumaient le passé au flambeau de l'histoire.

146ᵉ Dictée.

Quel que soit le respect *dû* à la vénérable antiquité, *porté*-je un jugement téméraire en disant qu'elle s'était *laissée* aller à son imagination, plus qu'elle n'avait *obéi* aux lois de l'observation en fabricant sa cosmologie ou système du monde? Sans les progrès qu'a *faits* la science, nous verrions toujours le ciel comme si nous en étions le centre; nous le verrions comme une voûte surbaissée, quoiqu'il n'y ait d'autre voûte que notre atmosphère; nous verrions toujours ces astres *étincelants, tournant, roulant* dans un cercle autour de nous; en un mot, nous serions *restés* en *butte* aux erreurs des sens, dans l'explication des merveilles qu'a *créées* le Tout-Puissant.

Plus *poètes* (1) qu'astronomes, les anciens croyaient que le soleil se couchait le soir dans l'Océan, et qu'après s'être *délassé* dans la fraîcheur des eaux, il en sortait le matin pour recommencer sa carrière; ils

(1) Académie.

disposaient la terre plate, *portée* sur un appui sans bornes, par dessous lequel il n'eût pas été possible de tourner. « Où étiez-vous, fait dire au Créateur l'auteur arabe du livre de Job, quand je jetais les fondements de la terre? sur quoi ses bases portent-elles? » Nous répondrions, malgré les opinions que nous avons *vu* soutenir par des modernes qui se sont, comme *à l'envi*, *disputé* l'honneur du paradoxe, nous répondrions que notre terre est un globe isolé, dont, depuis Magellan jusqu'à Dumont-d'Urville, de nombreux navigateurs ont *fait* le tour.

147ᵉ Dictée.

L'habitude nous rend familiers certains objets que nous aurions *admirés*, si nous les avions *vus* moins souvent, ou s'il *eût* été nécessaire d'aller au loin pour nous les procurer; ainsi les voyageurs ont *excité* notre curiosité par le détail de quelques animaux que l'Amérique ou l'Asie a *vus* naître, tandis que d'autres restent insignifiants, parce que nous les avons sans cesse sous les yeux. Prenons pour exemple l'araignée domestique, et voyons si la description de cet insecte ne semblerait pas être celle d'un monstre inconnu. L'araignée est velue, jaunâtre; chacune de ses huit pattes est *armée* de deux ongles qui se terminent par une petite pelote gluante qui lui sert, ainsi qu'aux mouches, pour adhérer aux corps les plus polis, et marcher facilement dessus; elle a encore deux mains avec lesquelles elle saisit sa proie; ses yeux sont *rangés* en ovale sur son front; et deux horribles tenailles, *garnies* de crochets aigus, sortent de sa bouche.

A l'extrémité du corps de l'araignée, se trouvent six mamelons, *contenant*, chacun, plus de mille filières dans lesquelles se moule la liqueur qui doit devenir de la soie, et cette soie sort des mamelons avec une ténuité telle, que l'imagination ne peut la concevoir. *Tout* extraordinaire que semble cette description, elle est exacte.

148ᵉ Dictée.

Ma chère enfant, je vous ai toujours *vue*

animée des plus belles dispositions ; aucune résolution ne vous coûte, et quelque avertie que vous soyez des difficultés de la route, vous êtes *tout* ardeur au départ ; mais d'ordinaire l'ennui vous gagne aussi vite que le goût vous est *venu*, et je n'ai jamais *entendu* que vos préludes. Ce cahier volumineux qui devait raconter toute l'histoire de notre pays, les premiers Mérovingiens en ont *fait* tous les honneurs ; ces esquisses de paysages que je vous ai *vue* ébaucher avec tant d'amour, vous les avez *laissées* sans ciel et sans arbres ; que de sonates et de *boléros* n'ai-je pas *achetés* pour vous ! et voilà qu'à peine *déchiffrés* et *parcourus* d'un *doigter* (1) négligent, vous les avez déjà *relégués* dans votre casier. Prenez garde qu'après vous être *laissée* aller à ce besoin incessant du nouveau, vous ne vous sentiez *dégoûtée* pour toujours, même des commencements tant *aimés* ; bientôt votre activité blasée s'éveillera plus rarement, et pour avoir tout *essayé*, vos facultés sans *but* s'endormiront dans une ennuyeuse apathie.

(1) Académie.

9.

149ᵉ Dictée.

Quand le cours de la vie est paisible, quand les journées coulent sans tourmente, prier, c'est faire halte un moment dans une existence plus ou moins affairée, pour relire du cœur le code immuable de justice que l'Éternel nous a *donné*. Prier, c'est se repentir des devoirs qu'on a *négligés*, des espérances qu'on a *déçues*, des maux qu'on a *causés*; c'est repousser les suggestions du mauvais ange, reconnaître les *voies* douteuses, et en quelque sorte, allumer les fanaux de la conscience; c'est appeler sur ceux qu'on aime les miséricordes du Tout-Puissant; c'est s'offrir pour des êtres chéris qu'on a *crus* menacés, c'est demander du courage pour ceux qu'on a *vus* faiblir, du soulagement pour ceux qu'on a *entendus* se plaindre, le pardon pour ceux à qui l'on a *pardonné*; enfin, c'est arrêter un instant l'allure d'une vie routinière, c'est quitter terre, et déposer au sommet de l'Empyrée, les saintes frayeurs d'un cœur qui cherche et qui espère.

150ᵉ Dictée.

Puissé-je ne pas trouver de contradicteurs quand je dirai que l'histoire est la reine et la mère de toutes les sciences! En effet, *quelles que* soient les prétentions de ses rivales, on ne saurait nier la supériorité que se sont *plu* à lui reconnaître les juges les plus compétents. Les langues que nous avons *appris* à parler ne seraient pas aussi utiles qu'elles le sont, si elles n'arrachaient au temps et à la mort ce que leur *faux* (1) impitoyable tâche de nous ravir. Eût-on *connu* les hommes dont nous nous sommes *proposé* d'imiter les vertus, si l'histoire ne les *eût immortalisés?* C'est elle qui fixe éternellement le théâtre de l'univers, qui en perpétue les scènes, en dévoile tous les mystères. Sans la connaissance de l'histoire, nous resterions enfants toute notre vie; car que pourrait nous apprendre le petit nombre d'événements que nous avons *vus* s'accomplir, en comparaison de ceux que nous avons *lus* ou *entendu* raconter?

(1) Académie.

Tous les trésors que les filles de Mnémosyne ont *amassés à l'envi* seraient *perdus* pour nous, si leur sœur Clio n'*eût pris* soin de nous les conserver.

Donner des *arrhes*. Un *charretier* sur son *chariot*. La bizarrerie des opinions. Un matelas de bourre. Voyez-vous cette *chattemite ?*

151ᵉ Dictée.

Le christianisme repose sur trois vertus qu'elle a *présentées* comme fondamentales : la foi, l'espérance, la charité. Eh bien, en considérant nos anciennes églises, soit à l'extérieur, soit dans leur enceinte, on trouve l'enseignement de ces trois vertus ; la foi n'a-t-elle pas *remué* ces pierres, et *changé* en trésors les *quelques* deniers *recueillis* par un pieux évêque ? Son énergie, que rien n'ébranle parce qu'elle s'*appuie* sur le sentiment, est merveilleusement *représentée* par la solidité de la masse. L'espérance se montre dans les *fonts* bapismaux, sur la figure des saints en extase, sur celle de ces preux *attendant*, immobiles sur leur froide couche de marbre, le grand jour du jugement. L'espérance se montre encore dans les rayons des rosaces, dans les sujets des vitraux, dans la flamme que répand la lampe, brûlant au fond du sanctuaire. *Quant* à la charité, cette douce vertu, on la voit siégeant sous le porche, sur l'autel; elle revêt la figure du Christ, appelant toutes les douleurs pour les consoler. Que de malheureux proscrits n'a-t-on pas *vus* échapper à la vengeance des lois en se réfugiant dans ces lieux d'asile ! Que de criminels endurcis ont *senti* se réveiller en eux les remords à la vue du Dieu qui pardonne! Que d'enfants *abandonnés* par une nuit d'orage, se sont *trouvés*, dès l'aube, *recueillis* et *adoptés !* les païens en auraient *fait* des esclaves, la charité en a *formé* des chrétiens.

152ᵉ Dictée.

Votre jeune parente est charmante, elle dépense à ravir les trésors de séduction que la nature lui a si généreusement *prodigués;* attentive avec ceux qui causent, causeuse avec ceux qui veulent être *amusés*, compatissante avec les affligés, épanouie, riante près de ceux qui se réjouissent, elle *renvoie*, *charmés* d'elle, tous ceux qui l'ont *vue* et *entendue*, jusqu'à ce grave plénipotentiaire qui ne l'a pas *crue* indigne d'écouter les rêves que sa diplomatie a *conçus*; jusqu'à ce savant qui, trois quarts d'heure *durant*, lui a *parlé* métaphysique et chronologie, sans qu'elle se soit *laissée* aller au moindre signe d'impatience. Je n'ai jamais *mis* en doute la bonne foi de son amabilité; j'admire comme elle se transporte dans autrui, et comme les couleurs les plus opposées se réfléchissent *à l'envi* sur sa mobile physionomie; mais je cherche encore le *fond* de son caractère; et, *tout* attirée que je me suis *sentie* vers elle, quelque affection qu'elle m'ait *témoignée*, il y a dans sa grâce intarissable je ne sais quoi de banal, qui me fait douter involontairement de la solidité de ses amitiés.

155ᵉ Dictée.

Combien de projets n'avons-nous pas

formés quand nous nous sommes *proposé* de choisir un état ! Il est *prouvé par ce que* nous voyons tous les jours, que c'est une des choses qui demandent le plus de réflexion ; le peu d'attention que l'on a *mis* à consulter sa capacité, est trop souvent la cause du mauvais succès. Que de gens l'amour-propre mal entendu n'a-t-il pas *égarés* dans le choix qu'ils ont *dû* faire ! combien de personnes n'a-t-on pas *vues* qui, toute leur vie *durant*, se sont *laissé* séduire par ce mauvais conseiller ! La plupart des hommes accusent le destin de les avoir *maltraités*, tandis qu'ils ne devraient s'en prendre qu'au dédain des avis qu'ils n'ont pas *souffert* qu'on leur *donnât*. Quelle que *fût* l'évidence de leur erreur, *tout* impartiale qu'était l'intervention de leurs amis en leur prodiguant *à l'envi* les avertissements les plus désintéressés, ils ont *persisté* dans la *voie* douteuse qu'ils avaient *commencé* à suivre, et se sont *obstinés* à vouloir jusqu'à la fin, les choses qu'ils avaient *voulues* dès l'origine ; aussi combien de désappointements n'ont-ils pas *éprouvés !*

Mais on s'en console en accusant la fortune; car, dit le *poëte* (1):

>Il n'arrive rien dans ce monde,
>Qu'il ne faille qu'elle en réponde;
>Nous la faisons de tous *écots*,
>Elle est prise à garant de toutes aventures.

154ᵉ Dictée.

Quelles qu'aient été les précautions que se sont *imposées* les législateurs, quand ils se sont *proposé* de prendre la religion pour base de toute société humaine, ils se sont, en certains points, *laissé* guider par les préjugés qui régnaient à l'époque où ils ont *vécu*.

Vers la fin du quatrième siècle de la fondation de Rome, les Gaulois avaient *fait* invasion en Italie, et *pénétré* nuitamment au cœur de la ville. *Tout* active qu'était la surveillance des gardes de la citadelle, ils ne s'aperçurent pas de l'escalade qu'effectuait l'ennemi; mais des oies, *réveillées* malgré le peu de bruit des assaillants, donnèrent l'alarme; on prit les armes, et le

(1) Académie.

Capitole fut *sauvé*. Il sembla aux Romains que la divinité protégeait leur patrie ; une sorte de culte fut *établi* en l'honneur de ces *volatilles* (1), auxquelles on confia spécialement la garde du Capitole ; on leur adjoignit des chiens, dans la persuasion que les dieux leur accorderaient les mêmes *priviléges*, et que ces animaux seraient coupables s'ils manquaient à leur devoir, d'annoncer l'arrivée de qui que ce *fût* pendant la nuit, l'heure indue admettant une méprise ; mais dans le jour, on leur supposait un esprit de divination, les chiens ne devaient aboyer qu'à l'approche de l'ennemi. Cicéron, le plus grave des philosophes qu'ait *eus* l'ancienne Rome, raconte, sans le blâmer, l'usage où l'on était de châtier rigoureusement ces animaux, s'ils aboyaient le jour contre ceux qui montaient au temple pour adorer les dieux.

Une tâche exorbitante. Un tuteur et son pupille. La fierté d'une réponse. De vieilles nippes.

(1) Grammaire des Grammaires.

155ᵉ Dictée.

Les Californiens, anciens colons espagnols, sont querelleurs, ivrognes et amis des plaisirs. Ils portent dans la fonte de leur selle une bouteille d'eau-de-vie et des armes. Danseurs infatigables, chasseurs adroits, on les a *vus* parier des monceaux d'or sur la hauteur d'un bond, ou sur l'issue d'un combat d'ours.

La femme californienne a *conservé* le type et la pureté des lignes, qu'on a tant *admirés* chez les paysannes espagnoles. Avide de plaisir comme l'homme, elle court aussi bien que lui à cheval, et comme lui, saisit dans les nœuds d'un lacet le taureau furieux, l'élan, le cerf ou le chevreuil; comme lui, elle allume l'incendie dans les plaines, et rit en le voyant se propager au loin. Dans les jeux sanglants que se sont *réservés* les chefs, ils égorgent des esclaves et distribuent leur chair; mais, *quelque* cruels que soient leurs plaisirs, ils n'égalent point encore la bizarrerie et l'amour du sang qu'on remarque dans leurs funérailles; on se rend près d'un torrent et, après que les femmes se sont *laissées* aller à toute l'expression de leur douleur, on attache le défunt sur son plus beau cheval, son arc entre ses mains, la chevelure de ses ennemis à l'arçon de sa selle, ses bracelets aux bras; puis on place le cheval entre le torrent et les guerriers *formant* un demi-cercle qui se rétrécit de plus en plus, et *poussant* des cris tels que vous n'en avez jamais *entendu* de pareils; frappée de terreur, les naseaux en feu, la crinière hérissée, la pauvre bête fait de vains efforts pour s'échapper, *essaie* de franchir la barrière, et, hors d'elle-même, finit par se précipiter avec son fardeau dans le gouffre écumant.

156ᵉ Dictée.

De tous les palais que la France a *vu* élever, aucun ne réveille plus de souvenirs que celui de Versailles. Versailles! à ce mot se présentent devant nous des milliers de noms illustres; d'abord c'est celui d'un des plus grands rois qui aient *régné*, puis celui des *Bossuet*, des *Turenne*, des *Condé*, gloire immense qui exalte l'imagination, l'esprit et le cœur, et concourt à former cette auréole lumineuse dont est *entourée* la mémoire du grand roi ! Cependant, *quelles* que soient à cet égard les croyances populaires, Versailles ne doit pas sa fondation à Louis-Quatorze ; en *mil* six *cent* vingt-quatre, Louis-Treize, en chassant, s'égare, se dirige vers une petite auberge, rendez-vous des rouliers, s'y installe pour la nuit, puis trouvant le lieu charmant, mais le *gîte* incommode, s'y fait bâtir un pavillon ; plus tard, il *achète* près de là le manoir d'un gentilhomme, et vient s'y établir.

Tels sont les commencements de ce palais de géants où, depuis, se sont *succédé* tant d'événements divers, les uns *tout* gracieux, *tout* frivoles, les autres nobles et grands, les derniers enfin sombres, menaçants, terribles, après lesquels la cour a *fui*, et Versailles est *devenu* désert.

FIN.

Paris. — Impr. de madame veuve DONDEY-DUPRÉ, r. Saint-Louis, 46.

INV

X ...

www.ingramcontent.com/pod-product-compliance
Lightning Source LLC
Chambersburg PA
CBHW051917160426
43198CB00012B/1935